ママのごはんっておいしいね！
# 食べるのが好きになる離乳食

**猪野雅孝** 社会福祉法人聖母会聖母病院 小児科医長
**朝倉比都美** 帝京大学医学部附属病院栄養部 管理栄養士
料理作成 **村田のぞみ** 家庭料理研究家

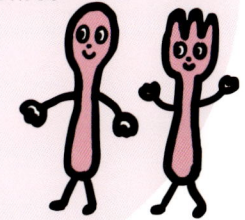

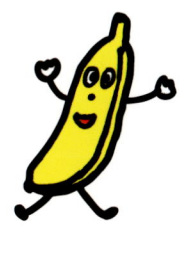

女子栄養大学出版部

# 目次

赤ちゃんの体と心の成長から考える離乳食
## 家族いっしょの楽しい食事は赤ちゃんの食べる意欲を育み、安心感や信頼感が生まれます —— 4

流動食から固形食へ。離乳食の目的と役割について
## 離乳の基本は、あせらずゆっくりと。赤ちゃんといっしょに、楽しみながら進めましょう —— 12

離乳食カレンダー —— 18

食べるのが好きになる！
おいしいおかゆ、だしを作る —— 20
切り方、除き方 —— 24
下ごしらえ、その他 —— 28
裏ごしする、すりつぶす —— 30
のばす、とろみをつける —— 32

調理の前に　かならずお読みください —— 33

赤ちゃんの食卓まわりのエトセトラ —— 34
　離乳食スタートのタイミングは？
　離乳食を始める前に、スプーンに慣れる練習は必要？
　果汁は生後6か月までは不要!?

食べるのが好きになる離乳食
## 5、6か月ごろ —— 35
離乳食の進め方を覚えましょう

赤ちゃんの成長と食生活 —— 36
　1週目 —— 38
　2週目 —— 40
　3週目 —— 42
　4週目・5週目〜 —— 44
　ママごはんからとり分け —— 46

赤ちゃんの食卓まわりのエトセトラ —— 50
　食物アレルギーについて
　母乳にいい食事は？

食べるのが好きになる離乳食
## 7、8か月ごろ —— 51
離乳食のレパートリーを広げましょう

赤ちゃんの成長と食生活 —— 52
menu 1　1食目 —— 54
　にんじんを使って応用
menu 1　2食目 —— 56
　絹ごし豆腐を使って応用
menu 2　1食目 —— 58
　じゃが芋を使って応用
menu 2　2食目 —— 60
　鶏ささ身ひき肉を使って応用
menu 3　1食目 —— 62
　ほうれん草を使って応用
menu 3　2食目 —— 64
　卵黄を使って応用
menu 4　1食目 —— 66
　かぼちゃを使って応用
menu 4　2食目 —— 68
　白身魚を使って応用
menu 5　1食目 —— 70
　ブロッコリーを使って応用
menu 5　2食目 —— 72
　カテージチーズを使って応用
ママごはんからとり分け —— 74

赤ちゃんの食卓まわりのエトセトラ —— 78
　野菜ジュースは野菜のかわりになるの？
　赤ちゃんに食べ物の好き嫌いはあるの？
　歯みがきはいつから始める？

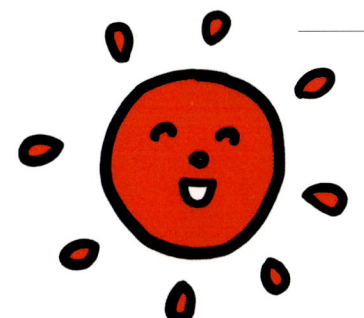

食べるのが好きになる離乳食
## 9か月から11か月ごろ ─── 79
一日3食の離乳食作りに慣れましょう

赤ちゃんの成長と食生活 ─── 80
menu 1　朝食 ─── 82
　大人のごはん〈キャベツのスープの献立〉と離乳食
menu 1　昼食 ─── 84
　大人のごはん〈オムライスの献立〉と離乳食
menu 1　夕食 ─── 86
　大人のごはん〈マグロの青じそ包み焼きの献立〉と離乳食

menu 2　朝食 ─── 88
　大人のごはん〈青梗菜の煮浸しの献立〉と離乳食
menu 2　昼食 ─── 90
　大人のごはん〈ミネストローネの献立〉と離乳食
menu 2　夕食 ─── 92
　大人のごはん〈牛肉の薬味のせの献立〉と離乳食

menu 3　朝食 ─── 94
　大人のごはん〈パンケーキの献立〉と離乳食
menu 3　昼食 ─── 96
　大人のごはん〈煮干しの冷汁の献立〉と離乳食
menu 3　夕食 ─── 98
　大人のごはん〈豚肉の中国風いための献立〉と離乳食

menu 4　朝食 ─── 100
　大人のごはん〈じゃこ納豆の献立〉と離乳食
menu 4　昼食 ─── 102
　大人のごはん〈鶏レバーのトマト煮の献立〉と離乳食
menu 4　夕食 ─── 104
　大人のごはん〈サケのクリームシチューの献立〉と離乳食

赤ちゃんの食卓まわりのエトセトラ ─── 106
　牛乳を飲むのは1歳を過ぎてから
　イオン飲料は病気のときだけに
　よく噛むことのたいせつさ

食べるのが好きになる離乳食
## 1歳から1歳6か月ごろ ─── 107
主食、主菜、副菜、間食の役割を覚えましょう

赤ちゃんの成長と食生活 ─── 108
menu 1 ─── 110
　朝食〈チーズトーストの献立〉
　昼食〈カニあんかけチャーハンの献立〉
　夕食〈タラのフィンガーフライの献立〉
　間食〈10時・15時〉
menu 2 ─── 114
　朝食〈ひじき入りの卵焼きの献立〉
　昼食〈ポテトグラタンの献立〉
　夕食〈ハンバーグの献立〉
　間食〈10時・15時〉
主食 ─── 118
主菜 ─── 120
副菜 ─── 122
間食 ─── 125

## Q & A ─── 127
「食べるのが好きになる」子育て相談

栄養成分値一覧 ─── 132

赤ちゃんの体と心の成長から考える離乳食

# 家族いっしょの楽しい食事は赤ちゃんの食べる意欲を育み、安心感や信頼感が生まれます

猪野雅孝 社会福祉法人聖母会聖母病院 小児科医長

## 赤ちゃんの体は1年で急激に成長します。母乳だけでは足りなくなる栄養を満たすのが離乳食です

　母乳は、赤ちゃんにとって最も自然で安全な最初の食事です。

　生後6か月までは母乳は完全栄養食であり、不足していない限りほかの栄養は必要ありません。しかしながら、6か月を過ぎると、母乳のみでは栄養必要量を満たせなくなるので、この時期以降は追加の食事が必要となります。これを「離乳食」といいます。

　赤ちゃんの体重は1歳になると、生まれたときの約3倍、身長は約1.5倍にもなります。1歳では生まれたばかりの赤ちゃんの約3倍のエネルギーが必要になり、必要な栄養素も母乳やミルクだけではまかなえなくなります。また、お母さんのおなかの中でもらった鉄は生後9か月ごろでほとんどなくなってしまうので、離乳食から鉄をとる必要があります。

　「離乳の開始」から「離乳の完了」までを「離乳期」といいます。なめらかにすりつぶした状態の食べ物を初めて与えたときを「離乳の開始」といい、生後5、6か月ごろが適当です。しかし、これはあくまでも目安の月齢であって、赤ちゃんの発達に合わせて開始します。

　「離乳の完了」とは、形のある食べ物を嚙みつぶすことができるようになり、エネルギーや栄養素の大部分を母乳またはミルク以外の食べ物からとれるようになった状態をいいます。その時期は1歳から1歳6か月ごろです。しかし、乳歯が生えそろうのは3歳ごろなので、この時期ではまだ大人と同じかたさのものは食べられません。また、この時期を過ぎて母乳を飲んでいてもまったく問題ありません。

## 離乳食は、新しい経験の積み重ね。家族いっしょの食事が、食べる意欲を育みます

　赤ちゃんは母乳を飲むとき、抱っこされて、お母さんとぴったりくっついています。お母さんのぬくもりを感じ、目と目を合わせ、やさしく声をかけてもらいながらゆったりと飲むことで、赤ちゃんは安心し、満足します。

　離乳期は、食事のときの赤ちゃんとお母さんの

　距離が少しずつ離れていきます。抱っこからひざの上にかわり、さらに自分ですわって食べるようになります。また離乳食を通じて、新しい食べ物を少しずつ体験します。離乳が進むにつれて、くちびるを閉じ、舌でつぶし、歯茎でつぶし、前歯でかじり、奥歯ですりつぶすという新しい動きを少しずつ覚えていきます。そして、口の中でやわらかくなった食べ物をゴックンと飲み込む体験をくり返します。

　さらに離乳が進むと、自分でつかんで食べたいという意欲が出てきて、手づかみで食べ始めます。いろいろな食べ物を見て、さわって、においをかいで、味わって、ということをくり返します。

　また、家族から「おいしいね」「よくできたね」と声をかけられながら、みんなで楽しく、おいしく食べる体験を積み重ねます。そうすることで、自分から進んで食べる意欲をさらに育んでいきます。家族といっしょに楽しく食べることで、赤ちゃんには安心感や信頼感がめばえます。それは、人や社会との関わりを広げていく基礎となります。

**よく遊び、よく食べ、よく眠る。
離乳期は、一生の生活リズムを
つくります**

　離乳期は、体を動かす遊びが活発になります。

　赤ちゃんがおいしく離乳食を食べるように、体を充分に動かす遊びをさせて、空腹感を持たせるようにしましょう。

　また、夜ふかしをさせないで、食事を規則的にとる生活環境をととのえることも、睡眠のリズムや食事のリズムをつくるうえでたいせつです。「よく体を動かし、よく食べ、よく眠る」ことは、赤ちゃんの健やかな成長のためには重要なことです。この基本的な生活習慣の基礎は離乳期から幼児期にかけて築かれます。離乳期は、一生を通じての生活のリズムがつくられるたいせつな時期でもあります。

### 赤ちゃんの五感は敏感。
### お母さんのおっぱいのにおいも
### かぎ分けます

　赤ちゃんは、生まれたときからさまざまな能力を持っています。

　においの感覚はとても敏感で、生まれたばかりの赤ちゃんは、手についた羊水のにおいを頼りにお母さんのおっぱいを探すことができます。お母さんのおっぱいのにおいと、ほかのお母さんのおっぱいのにおいをかぎ分けることができます。また、生まれたときからおっぱいとミルクの味の違いがわかりますし、おっぱいの味は飲み始めと飲み終わりで微妙に変わりますが、それも敏感に感じています。

　赤ちゃんはお母さんに抱っこしてもらい、おっぱいやミルクを飲むことで、視覚、聴覚、嗅覚、

味覚、触覚の五感を使ってお母さんとのコミュニケーションをとっています。

　離乳期は五感がさらに育まれる時期です。五感を使って食べることは、楽しくおいしく食べるためにとてもたいせつなことです。

　赤ちゃんの味覚は嗅覚同様に鋭く、甘い（甘味）、すっぱい（酸味）、苦い（苦味）、塩辛い（塩味）といった味覚に加え、うま味も感じ分けることができます。こんぶだしやカツオだしのうま味と、人工調味料の味をきちんと区別します。また赤ちゃんは、食べ物の形や大きさや色を見て、おいしそうなものが口に近づいてきたらアーンと口をあけます。そして、お父さんやお母さんのうれしそうな顔を見ます。家族とのこのようなコミュニケーションは、味覚をいっそう豊かにします。

　また、よく噛んで食べることで食べ物の味わいをさらに感じられるようになり、うすい味を認識することができるようになります。

## 食べ物の温度、舌ざわり、かたさを、口、舌、手で感じとります

　赤ちゃんの視覚、聴覚、触覚も、離乳食を通じて成長します。

　熱い、温かい、冷たいなどの食べ物の温度を、手やくちびるや口の中で感じます。食べ物のやわらかさ、かたさ、ざらざら感、つるつる感、つぶつぶ感、ぬるぬる感などといった舌ざわりを感じます。歯が生えてくれば、食べ物を歯ごたえとして感じるようになります。食べ物を手でつかむことでかたさや温度などを確かめますし、どのくらいの強さで握るとつぶれてしまうのかを学びます。

　このほか、パリパリ、シャキシャキといった食べる音や、スプーンとお皿がカチャカチャとぶつかる音を楽しんだりします。家族の楽しそうな声を聴きながら食べることも、赤ちゃんにとってはとてもうれしいことなのです。

## 離乳食は、将来の豊かで健康的な食生活の基礎となります

　赤ちゃんの成長や食べる機能の発達をふまえて、離乳食を楽しくおいしく食べるためのポイントを10か条にまとめました。

　離乳期の食事は、将来の豊かで健康的な食生活の基礎となります。ぜひ実践してみましょう。

【離乳食を楽しく食べるための10か条】
1. 発達に合わせて進めましょう
2. 赤ちゃんが自分のペースで食べられるようにしましょう
3. 素材を少しずつ増やしていきましょう
4. 家族そろって食べましょう
5. 食事中はテレビを消しましょう
6. お菓子や嗜好飲料は控えましょう
7. たくさん遊ばせましょう
8. 夜ふかしをさせないようにしましょう
9. 食べたら歯みがきをしてあげましょう
10. まわりでタバコを吸うのをやめましょう

## 1. 発達に合わせて進めましょう

　離乳は赤ちゃんの発達に応じて開始します。その後も発達に応じて進めていきます。18〜19ページに目安となる月齢が示されていますが、個人差があるので、くちびるや舌の動き、歯の生え方などに応じて進めましょう。

　しかし、離乳の進め方が遅すぎるのもよくありません。適切な時期に、適切なかたさの離乳食を、適切な方法で与えるようにしましょう。同じ素材でも、昨日は食べてくれたのに今日は食べてくれない、昨日はモグモグできたのに今日はできない、ということもよくあります。

　これは赤ちゃんの発達の特徴です。あわてないで、ゆっくりと進めていきましょう。

## 2. 赤ちゃんが自分のペースで食べられるようにしましょう

　赤ちゃんの食べ方に応じて離乳食を与えましょう。くちびるを閉じる前に流し込んだり、飲み込む前に次の1さじを与えたりすると食べなくなってしまいます。前歯が生えたら、前歯でかじりとる食事を用意することがたいせつです。

　手づかみで食べたり、自分でスプーンを持って食べたりするようになると、親の思いどおりに食べてくれないかもしれません。親がイライラすると、それを敏感に感じてますます食べなくなります。時間はかかるかもしれませんが、赤ちゃんが自分のペースで食べられるようにしましょう。

## 3. 素材を少しずつ増やしていきましょう

　離乳が進んで、少しかたいものが食べられるようになっても、いつまでもやわらかい離乳食ばかりでは赤ちゃんの食べる意欲が損なわれます。また、素材や味つけも同じようでは飽きてしまいます。素材の種類を少しずつ増やし、さまざまな味覚や食感を楽しむ経験を増やしてあげましょう。

　魚や大豆や野菜を中心とした日本の伝統的な和風料理は、健康食として世界じゅうから注目されています。素材本来の味わいを生かしたり、だしの風味をきかせたうす味でおいしい料理が豊富なことも特徴ですし、多彩な食感を楽しむこともできます。旬の素材をできるだけ利用しましょう。

## 4. 家族そろって食べましょう

　食事をおいしく楽しいものにするには、素材そのものだけではなく、食卓の雰囲気もたいせつです。家族の優しいまなざしや声かけ、いっしょに食べているという安心感が、食べたいという意欲につながります。

　家族といっしょに食べる経験が乏しいと、将来、一人きりで食べる「孤食」が多くなったり、食事を作ってくれた人への感謝の気持ちや生あるものをいただくありがたさを感ずる心が育ちにくいことが知られています。

　食事のときはできるだけ家族そろって、「いただきます」「ごちそうさま」のあいさつをして、楽しいひとときを過ごしましょう。

### 5. 食事中はテレビを消しましょう

　家族そろって食事をしても、テレビがついていたら食事中のコミュニケーションは望めません。言葉のやりとりが少なくなるだけでなく、食べることに集中できなければ、食事を楽しんだり味わったりすることもできません。

　離乳期にテレビを見ながら食事をしていた子どもは、成長してからも、テレビを見たりマンガ本を読んだり携帯電話を操作したりしながら食べることが多いと指摘されています。

　また、離乳期の赤ちゃんにテレビを長時間見せると、心身の発達に問題が出ることがあります。授乳中や食事中はテレビを消すようにしましょう。

## 6. お菓子や嗜好飲料は控えましょう

　近ごろ、離乳のかなり早い時期からお菓子や野菜ジュース、イオン飲料などを与える傾向があります。たまごボーロやウエハースなどのおやつは赤ちゃんが喜んで食べるので、たくさんあげてしまいがちです。また、「おやつは食べる楽しみの体験」「おやつは栄養の補給にも運動機能の発達にも必要」などという広告を見れば、食べなければいけないものと思ってしまうのもやむを得ないかもしれません。

　しかし、お菓子や嗜好飲料などは高エネルギーで、とりすぎると離乳食を食べなくなったり、母乳やミルクを飲まなくなったりします。これらは、離乳が完了してから与えるようにしましょう。

## 7. たくさん遊ばせましょう

　おなかがすいて、食欲があってはじめて、食事をおいしく、もりもりと食べることができます。離乳食の前に母乳やミルクをたっぷり飲んでしまうと、離乳食を食べてくれません。お菓子やジュースをとってしまうと、おなかがすきません。

　空腹にするためには、体を使っていっぱい遊ばせることがたいせつです。離乳期は運動能力がどんどん発達する時期です。手にしたいおもちゃをハイハイをしてとりに行く、食卓のまわりをつたい歩きでグルグルとまわる、ボールをころがして自分でとりに行くなど、赤ちゃんは日々、成長します。親子でいっしょに、いっぱい遊びましょう。

## 8. 夜ふかしをさせないようにしましょう

　人間の体や脳は、早起きして、早寝して、充分に眠ることでしっかり働くようにできています。体の中には「生体時計」があります。朝の光を浴びず、夜の人工的な強い光に長時間当たると、生体時計がずれてしまいます。

　生体時計がずれると睡眠不足になり、疲れやすくなります。食欲も落ちてしまいます。特に、朝、なかなか起きられず、起きても食欲がないために朝食が食べられなくなります。朝食は体の機能を目覚めさせ、体温を上げ、脳にエネルギーを補給し、生活のリズムをととのえる働きをします。

　離乳期は、食事や生活のリズムが形づくられる時期です。赤ちゃんが夜ふかしをすると成長にも影響します。大人の都合で夜ふかしをさせないようにしましょう。2歳までは、できれば8時までに寝かせましょう。

## 9. 食べたら歯みがきをしてあげましょう

　乳歯が虫歯になると、食べ物がうまく噛めなかったり、飲み込めなかったりします。言葉の発音に影響することもあります。また、永久歯の歯並びが悪くなったり、全身性の病気の原因になったりすることもあります。

　虫歯を防ぐには口の中を清潔な状態に保つことがたいせつで、そのためには歯みがきが必要です。「食べたら歯みがき」を習慣にさせましょう。

## 10. まわりでタバコを吸うのをやめましょう

　赤ちゃんはタバコのにおいに敏感です。煙のにおいだけでなく、タバコを吸っている人の髪の毛や服についたにおい、さらにはタバコを持った手のにおいも感じとります。せっかく離乳食の味にくふうがされていても、タバコのにおいがしたらだいなしです。豊かな味覚が育たず、食欲がわかなくなったりします。

　また、タバコの煙は有害で、さまざまな病気を引き起こしやすくなります。発達が遅れる原因にもなります。赤ちゃんのまわりでは、タバコを吸わないようにしましょう。

流動食から固形食へ。離乳食の目的と役割について

# 離乳の基本は、あせらずゆっくりと。
# 赤ちゃんといっしょに、
# 楽しみながら進めましょう

**朝倉比都美** 帝京大学医学部附属病院栄養部 管理栄養士
元社会福祉法人聖母会聖母病院 栄養室室長

## 赤ちゃんは、日に日にしっかりと、食べる技術を習得します

　離乳食は、母乳やミルクのような流動食から固形食へ移行するための段階食です。赤ちゃんに母乳やミルクしか与えたことのない新米ママにとっては、不安なことばかりだと思います。一方、赤ちゃんのほうはというと、意外と堂々としたもので、日に日にしっかりと食べる技術を習得していきます。

　それでも、離乳食を嫌がったりする日もあります。離乳食の基本は、あせらずゆっくり。ほかの赤ちゃんとは比べないことです。赤ちゃんといっしょに、楽しみながら進めていきましょう。

## 離乳食には、さまざまな役割があります

　離乳食には次のような目的と役割があります。
### 1．噛む、飲み込むを練習し、習得する
　人が食事をとる動作は、母乳やミルクなどの流動食を吸い込んでいた「反射」という動きから、食べ物を口の中に入れてくちびるを閉じ、噛んだりつぶしたりして唾液と混ぜ合わせ、のどに送って飲み込むという動きに変わっていきます。

生後5か月を過ぎたころから、赤ちゃんの身体的成長と精神的成長に合わせた離乳食を与えて「食べる」練習を始め、その技術を習得させます。そのためには、食べ物の状態が口の機能の発達とマッチしていることが特に重要です。

　成長の度合いに合わせて、食べ物の量、調理の形態、食べさせ方などを変えていきます。赤ちゃんの成長に合わない離乳食を与えると、離乳期以降にうまく噛めない、飲み込めないなどの問題が残ることがあります。

## 2．栄養を補給する

　赤ちゃんの成長に伴って、母乳やミルクだけでは満たされなくなるエネルギーや栄養素を、食べ物から補います。

　特に胎児のときに母体から吸収して蓄えておいた鉄が少なくなり、9か月を過ぎたころから、母乳の鉄だけでは不足してくるといわれます。鉄の豊富な素材を選び、貧血を予防しましょう。

## 3．味覚を形成する

　人間には生まれながらにして味覚が備わっていて、甘味、うま味、塩味、苦味、酸味などを感じることができるといわれます。しかし、それらを「おいしさ」として識別するようになるには、離乳期から多くの素材の味を体験し、味覚を発達させなくてはなりません。

さまざまな味に親しみ、抵抗なくそれらの味を受け入れられるようにすることは、幼児期以降の偏食を予防することにもつながります。

## 4．食習慣を伝承し、親子の関係をつくる

　離乳食を通じて、みんなで食事をすることの楽しさを親子双方で味わいましょう。それと同時に、離乳食は、素材の選び方や料理の種類、味つけ、食事時間や食事スタイルなど、食習慣そのものを親から子に伝えるたいせつな機会です。健康食といわれる和風料理のよさをとり入れ、伝えていくことは、生涯を通じた健康につながります。

　なにより、食事の体験と満足感、ママとパパのやさしいまなざしと言葉がけは、赤ちゃんの豊かな心を育みます。そして、家族の絆を深めます。

## 5．自立と食べる力を養う

　家族みんなで食事をする中で、最初は食べさせてもらっていた赤ちゃんが、成長とともにみずから手を動かし始めます。しかし、一人で食べられるようになるには練習が必要です。手に持ったものを口へ運んで手づかみ食べをする、コップやスプーンなどの道具を利用するなどの学習を経て、自分で食べられるようになります。

　赤ちゃんが食べこぼしたりよごしたりしてもいいように、エプロンや床に敷くシートを準備しましょう。そしてなによりも、食べこぼしても怒ら

ないように、ママとパパは心の準備もしましょう。
　赤ちゃんが自分で食べたいという意欲が食行動の自立を進め、食事は楽しいという体験が食べる力を養います。

## 離乳の開始から完了まで、4つの時期に分けて進めます

　離乳食の進め方は、次の4期に分けて考えます。月齢はあくまでも目安です。

### ◎生後5、6か月ごろ：開始

　「首のすわりがしっかりしている」（34ページ）などのサインが見られたら離乳食を開始します。日中、赤ちゃんのきげんがよいときに、様子を見ながら赤ちゃん用のスプーン1さじから始めます。
　この時期の離乳食の目的は、食べ物の舌ざわりや味に慣れることと、飲み込むことなので、量は気にしなくていいでしょう。母乳やミルクは赤ちゃんがほしがるだけ与えます。

### ◎生後7、8か月ごろ

　離乳食は一日2食にし、食事のリズムをつくっていきます。できれば日中、赤ちゃんのきげんがよいときに与えましょう。
　さまざまな舌ざわりや味に慣れさせるために、素材の種類を増やしていきます。離乳食は、舌でつぶせるかたさのものを準備します。離乳食のあとに母乳またはミルクを与えます。このほかに、母乳は赤ちゃんが欲するままに、ミルクは一日3回程度与えます。

### ◎生後9か月から11か月ごろ

　食事のリズムをたいせつにし、離乳食は一日3食に進めます。離乳食は、歯ぐきでつぶせる程度のかたさのものにし、赤ちゃんの食欲に応じて量を増やします。離乳食のあとに母乳またはミルクを与えます。このほかに、母乳は赤ちゃんが欲するままに、ミルクは一日2回程度与えます。
　赤ちゃんが、離乳食を自分で食べたいという素振りを見せたらスプーンなどを持たせ、家族いっしょに楽しい食事体験をするようにします。

### ◎1歳から1歳6か月ごろ：完了

　離乳の完了とは、形ある食べ物を噛み切り、歯茎や奥歯でつぶすことができ、エネルギーや栄養素の大部分を母乳またはミルク以外の食べ物でとれるようになった状態のことをいいます。まだ充分に噛むことはできないので、「カミカミしてね」などの声かけが必要です。一日3回の食事に加えて、2回の間食を目安とします。母乳やミルクを無理にやめる必要はありません。
　生活のリズムをととのえ、手づかみ食べから始めて、自分で食べる楽しさを経験させましょう。

### 本当においしい離乳食は赤ちゃんもよく食べます

　赤ちゃんの成長に合ったかたさや形態で、だしのうま味や素材の味わいを生かしたうす味の離乳食は大人が食べてもおいしく感じ、赤ちゃんもよく食べてくれます。また、空腹感や食卓の楽しい雰囲気もたいせつな要素です。
　おいしい離乳食のポイントを紹介します。

**1. うす味にする**

　赤ちゃんは味に敏感です。甘味や塩味を減らし、素材の味を楽しめるように調理しましょう。
　離乳の開始のころは味つけはしないで、それ以降は大人の⅓〜½程度の味つけで充分です。こんぶだしやカツオだし、野菜や肉や魚の風味をうまく使うと、おいしい離乳食ができ上がります。
　重要なことは、大人が食べてみても、うす味でおいしく感じる離乳食であることです。

**2. 色合いがよい献立は栄養バランスもよい**

　離乳食を開始して1か月ほどたったら、炭水化物（つぶしがゆ）、たんぱく質（白身魚、豆腐、乳製品など）、ビタミン・ミネラル（野菜、芋、くだものなど）をとりそろえましょう。和風料理を基本に、主食（炭水化物）とおかず（たんぱく質やビタミン・ミネラル）を組み合わせます。
　また、赤、緑、黄色といった料理の色合いにも配慮すると、バランスのよい献立がととのいやすくなります。

### 3．新鮮な素材や旬の素材を使う

　病気に対して抵抗力のない赤ちゃんのために、新鮮な野菜や肉や魚などを使うことはもちろんですが、新鮮なものは素材そのものの持ち味で充分においしいので、味つけは不要です。旬の素材も、味が濃くておいしいものです。

　また、離乳食にも季節感をとり入れて四季の味わいを教えると同時に、食習慣や伝統食も伝えましょう。

### 4．安全で安心な離乳食を作る

　離乳食を作るときは手洗いを充分にしましょう。また、新鮮な素材と清潔な調理道具を使い、充分に加熱調理を行ない、調理後はすぐに食べさせて食中毒を防ぎます。はちみつは、ボツリヌス中毒の恐れがあるので、1歳までは使用を控えます。

　また、赤ちゃんの将来の健康を考えると、添加物の多量摂取も心配です。加工食品や市販のお総菜、輸入品などを購入するときは、表示を確かめるようにしましょう。

### 5．食事の環境をととのえる

　おいしく感じたり、まずく感じたりするのは味つけだけの問題ではありません。食卓まわりを片づけたり、テレビを消したりなど、食べる環境の整備が重要です。

　離乳食は、マニュアル通りに進めたり、正確に作ったりする必要はありません。赤ちゃんの発達に合わせて、ゆっくりと進めましょう。

## 赤ちゃんの食事量は体重増加を目安に

　育児相談で多い質問は、「なにをどのくらい食べさせればいいか」「ぜんぜん食べない」「食べすぎではないか」など、食事の量に関することです。離乳期の栄養の主体は母乳またはミルクですが、栄養が充分かどうかを判断するには、赤ちゃんの体重増加が順調かを見るのがいちばん確かです。

　離乳食の内容については、食べ物に興味を示しているか、元気に食べているか、などをチェックするとよいでしょう。

## 食物アレルギーに注意して

　赤ちゃんの消化管は充分に発達していないため、たんぱく質を消化しきれずに大きな分子のままで吸収してしまいます。すると、それを異物としてアレルギー反応を起こすことがあります。また、小さなアレルギー反応でも、くり返し起こすと大きな反応になることもあります。

　アレルギーを起こしやすい素材は明らかになっ

ているので（50ページ）、それらは離乳の段階に沿って与えていくこと、一度に多量に与えないことが肝心です。そして、新しい素材を与えたあとは、赤ちゃんのきげんは悪くないか、口のまわりや体に発疹などの変化がないか、下痢はないかなどを確かめます。

### 赤ちゃんのお手本となる大人の食事もたいせつに

　最後に、離乳食と同じくらい、大人の食事もたいせつにしてほしいと思います。離乳食は大人への第一歩です。いちばん身近な大人であるママとパパといっしょに食事をすることによって、食べ方を練習し、食習慣を学びます。

　それには、お手本となる大人が食べる食事も重要です。ママやパパが健康であることもたいせつです。大人も、バランスのよい食事をしっかりと食べましょう。

　また、ママにも精神的ゆとりが必要なので、ときにはベビーフードをじょうずに使ったり、離乳食をまとめ作りして冷凍しておいたり、大人の食事の一部をとり分けて離乳食を作ったりなどして、ゆとりの時間を持ちましょう。離乳食作りでヘトヘトにならないようにしてほしいと思います。

# 離乳食カレンダー

下の図は、「授乳・離乳の支援ガイド」（厚生労働省）を引用して作図したものです。

赤ちゃんの咀嚼（そしゃく）機能の目安、離乳食の進め方の目安を一覧にしました。
あくまでも目安なので、赤ちゃんのペースに合わせて進めましょう。

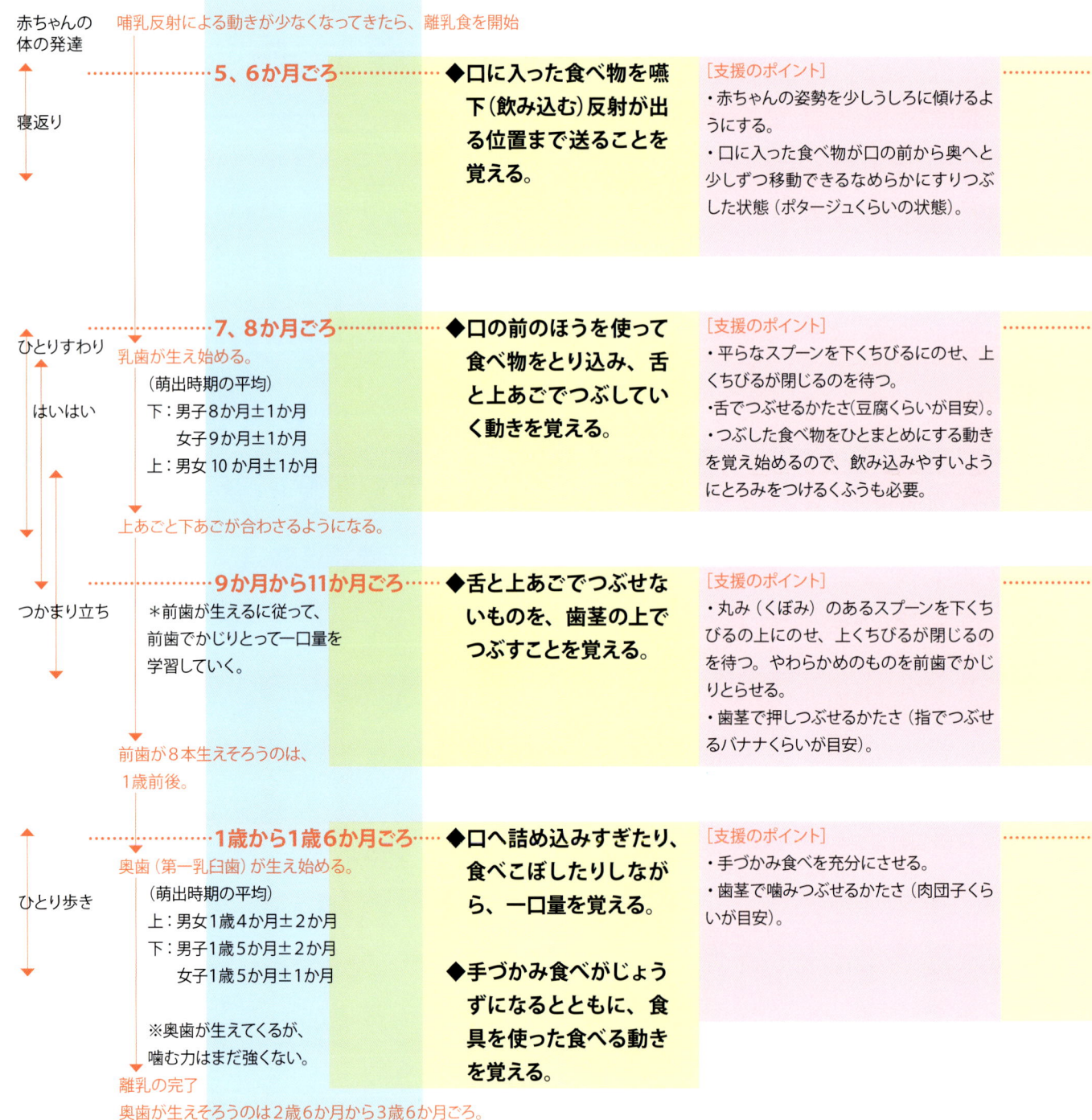

**赤ちゃんの体の発達**

哺乳反射による動きが少なくなってきたら、離乳食を開始

- 寝返り

### 5、6か月ごろ

◆口に入った食べ物を嚥下（飲み込む）反射が出る位置まで送ることを覚える。

[支援のポイント]
・赤ちゃんの姿勢を少ししろに傾けるようにする。
・口に入った食べ物が口の前から奥へと少しずつ移動できるなめらかにすりつぶした状態（ポタージュくらいの状態）。

- ひとりすわり
- はいはい

### 7、8か月ごろ

乳歯が生え始める。
（萌出時期の平均）
下：男子8か月±1か月
　　女子9か月±1か月
上：男女10か月±1か月

上あごと下あごが合わさるようになる。

◆口の前のほうを使って食べ物をとり込み、舌と上あごでつぶしていく動きを覚える。

[支援のポイント]
・平らなスプーンを下くちびるにのせ、上くちびるが閉じるのを待つ。
・舌でつぶせるかたさ（豆腐くらいが目安）。
・つぶした食べ物をひとまとめにする動きを覚え始めるので、飲み込みやすいようにとろみをつけるくふうも必要。

- つかまり立ち

### 9か月から11か月ごろ

＊前歯が生えるに従って、前歯でかじりとって一口量を学習していく。

前歯が8本生えそろうのは、1歳前後。

◆舌と上あごでつぶせないものを、歯茎の上でつぶすことを覚える。

[支援のポイント]
・丸み（くぼみ）のあるスプーンを下くちびるの上にのせ、上くちびるが閉じるのを待つ。やわらかめのものを前歯でかじりとらせる。
・歯茎で押しつぶせるかたさ（指でつぶせるバナナくらいが目安）。

- ひとり歩き

### 1歳から1歳6か月ごろ

奥歯（第一乳臼歯）が生え始める。
（萌出時期の平均）
上：男女1歳4か月±2か月
下：男子1歳5か月±2か月
　　女子1歳5か月±1か月

※奥歯が生えてくるが、噛む力はまだ強くない。

離乳の完了
奥歯が生えそろうのは2歳6か月から3歳6か月ごろ。

◆口へ詰め込みすぎたり、食べこぼしたりしながら、一口量を覚える。

◆手づかみ食べがじょうずになるとともに、食具を使った食べる動きを覚える。

[支援のポイント]
・手づかみ食べを充分にさせる。
・歯茎で噛みつぶせるかたさ（肉団子くらいが目安）。

## 食事の目安

**調理形態**

| 1回あたりの目安量 | | |
|---|---|---|
| Ⅰ | Ⅱ | Ⅲ |
| 穀類 (g) | 野菜・くだもの (g) | 魚 (g) ……………Ⓐ<br>または肉 (g) ………Ⓑ<br>または豆腐 (g) ……Ⓒ<br>または卵 (個) ………Ⓓ<br>または乳製品 (g)…Ⓔ |

## 食べ方の目安

## ママへのメッセージ

---

- ○子どもの様子を見ながら、一日1回1さじずつ始める。
- ○母乳やミルクは飲みたいだけ与える。

**なめらかにすりつぶした状態**

つぶしがゆから始める
すりつぶした野菜なども試してみる
慣れてきたら、
つぶした豆腐・白身魚などを試してみる

産後の疲労を癒しつつ、赤ちゃんのお世話もするたいへんな時期。でも、産後の体の回復や母乳のためにも、ママの食事がおろそかにならないようにしてください。授乳中は2400〜2600kcalが必要です。主食と主菜はふだんの1.2倍、野菜などの副菜は毎食1〜2品はかならず食べましょう。

---

- ○一日2回食で、食事のリズムをつけていく。
- ○いろいろな味や舌ざわりを楽しめるように食品の種類を増やしていく。

**舌でつぶせるかたさ**

| 全がゆ<br>50〜80 | 20〜30 | Ⓐ…10〜15<br>Ⓑ…10〜15<br>Ⓒ…30〜40<br>Ⓓ…卵黄1〜全卵1/3<br>Ⓔ…50〜70 |
|---|---|---|

赤ちゃんといっしょにお散歩をしたり、はいはいで追いかけっこをしたりして、たくさん触れ合い、体を動かす遊びをいっぱいさせてあげてください。

赤ちゃんの栄養源の中心は母乳です。バランスのよい食事でしっかりエネルギーを補給してください。

---

- ○食事のリズムをたいせつに、一日3回食に進めていく。
- ○家族いっしょに楽しい食卓体験を。

**歯茎でつぶせるかたさ**

| 全がゆ90<br>〜軟めし<br>80 | 30〜40 | Ⓐ…15<br>Ⓑ…15<br>Ⓒ…45<br>Ⓓ…全卵1/2<br>Ⓔ…80 |
|---|---|---|

赤ちゃんの食事は一日3食、大人といっしょになります。また、家族みんなで食事をとることで、赤ちゃんは食習慣やマナーを見て学ぶ時期です。

家族がともに食卓を囲み、「いただきます」、「ごちそうさま」。楽しい食事体験を、大人も赤ちゃんもいっしょにしましょう。

---

- ○一日3回の食事のリズムをたいせつに、生活リズムをととのえる。
- ○自分で食べる楽しみを手づかみ食べから始める。

**歯茎で噛めるかたさ**

| 軟めし90<br>〜ごはん<br>80 | 40〜50 | Ⓐ…15〜20<br>Ⓑ…15〜20<br>Ⓒ…50〜55<br>Ⓓ…全卵1/2〜2/3<br>Ⓔ…100 |
|---|---|---|

このほかに、一日2回の間食

ごはんをおいしく食べるには、食事の前に空腹であることもたいせつです。ママも赤ちゃんといっしょに体を使って遊ぶようにし、夜ふかしをさせないで、おいしくごはんが食べられるようにしましょう。

離乳食が進むにつれて、ママの食事も少しずつ、元の量に戻していきましょう。

---

※上記の量はあくまでも目安であり、子どもの食欲や成長・発達の状況に応じて、食事の量を調整する。

## 成長の目安

母子健康手帳の「乳幼児身体発育曲線」のグラフに体重や身長を記入して、曲線のカーブに沿っているかどうか確認する。

# 食べるのが好きになる！
# おいしいおかゆ、だしを作る

## 基本のおかゆ※
米から作ったおかゆは甘くておいしい。

※ 10%がゆ。10倍がゆともいう。

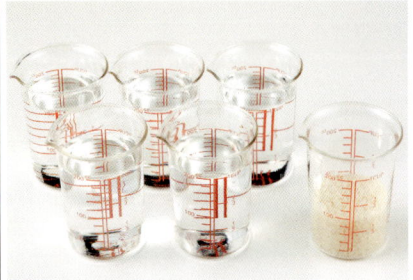

**1** 材料は、米½カップ、水5カップ。この分量で、約4カップ（800g）のおかゆができ上がる。

**2** 米は洗い、ざるにあげて水けをしっかりきる。

**3** 厚手のなべ（または土なべ）に米と水を入れ、そのまま約30分おいて吸水させる。

**4** なべを強火にかけ、煮立ったら一度だけ、木べらでなべ底をこすって混ぜる（加熱途中で何度もかき混ぜると米粒がくずれてしまう）。

**5** 弱火（中心がわずかにぽこぽこと煮立つ程度）にして約40分、静かに煮る（水が少なくなったら途中で足す）。

**6** 弱火で約40分煮る間は、吹きこぼれないように、ふたをわずかにずらしてかける。

**7** 火を消し、ふたをぴったりとしめて約10分蒸らす。

**8** 炊き上がり。水分が多く、とろりとした状態だが、米粒はくずれずに残っている。

**9** あまった分は冷凍保存を。冷凍用の保存袋や製氷皿が便利。製氷皿で凍らせたおかゆは、1個約20g。

## 野菜だし
野菜の香味豊かなだし。5、6か月ごろの離乳食から使えます。

**1** 材料は、玉ねぎ・にんじん・キャベツ各30g、水3カップ。野菜は適当な大きさに切る。

**2** なべに野菜と水を入れて火にかけ、煮立ったら中火～弱火にして約20分、静かに煮る。

**3** ボールに万能こし器を重ね、濾す。

**4** でき上がり2カップ弱。野菜のほのかな甘味と香りが特徴。野菜はほかに、セロリ、大根、かぶ、ねぎなどを使っても。

## 火加減
熱器具によって微妙に異なるので、火の通りや汁の減りぐあいを見ながら調節を。

弱火は、コンロのつまみを1/3ほど開栓した状態で、炎の先がなべ底に触れないくらいの火加減。

中火は、コンロのつまみが半開で、炎の先がちょうどなべ底に当たるくらいの状態。

強火は、コンロのつまみが全開で、炎が完全になべ底に広がっている状態。

## こんぶだし
**沸騰前にこんぶをとり出すのがコツ。5、6か月ごろの離乳食から使えます。**

**1** 材料は、こんぶ5cm、水3カップ。こんぶは、乾いたふきんで表面のよごれをさっとふきとる。

**2** なべにこんぶと水を入れる（そのまましばらくおくとこんぶのうま味がよく出る）。中火にかける。

**3** 静かに沸騰し始め、こんぶが動き始めたらこんぶをとり出す（こんぶを入れたまま沸騰させない）。

**4** そのまま沸騰させ、火を消す。

**5** でき上がり約2⅔カップ。沸騰前にこんぶをとり出すことで風味がよくなる。

## だし（一番だし）
**作り方（写真）はこんぶだしとカツオだしを参照して。7、8か月ごろの離乳食から使えます。**

**1** 材料は、こんぶ5cm、削りガツオ10g、水3カップ。

**2** なべにこんぶと水を入れる（そのまましばらくおくとこんぶのうま味がよく出る）。中火にかける。

**3** 静かに沸騰し始め、こんぶが動き始めたらこんぶをとり出す（こんぶを入れたまま沸騰させない）。

**4** そのまま沸騰させ、削りガツオを加えて弱火にする。

**5** 静かに1〜2分煮る（ぐらぐらと煮立てると、でき上がりが濁ってしまうので注意する）。

**6** 火を消し、削りガツオが沈むまでそのままおく。

**7** ボールに万能こし器を重ね、濾す。

## カツオだし

削りガツオは質のいいものを選びましょう。7、8か月ごろの離乳食から使えます。

**1** 材料は、削りガツオ10g、水3カップ。

**2** なべに水を入れて煮立て、削りガツオを加えて弱火にする。

**3** 静かに1～2分煮る（ぐらぐらと煮立てると、でき上がりが濁ってしまうので注意する）。

**4** 火を消し、削りガツオが沈むまでそのままおく。

**5** ボールに万能こし器を重ね、濾す。

**6** でき上がり約2⅔カップ。カツオの香りが豊かなだし。

**8** でき上がり2⅔カップ弱。こんぶと削りガツオのそれぞれのうま味成分が相乗効果となり、さらに濃いうま味を出す。

## 離乳食とだしについて

5、6か月ごろの離乳食（38〜49ページ）では、野菜だし（作り方21ページ）またはこんぶだしを使います。
7、8か月ごろの離乳食（54ページ〜）以降は、どのだしを使ってもOKです。

食べるのが好きになる！
# 切り方、除き方

## みじん切り（にんじん）

1 にんじんは縦に薄切りにし、切った面を下にして置く（すわりをよくする）。

2 さらに縦に薄切りにし、ずらして重ねる。

3 端から1〜2mmの細さに切る（せん切り）。

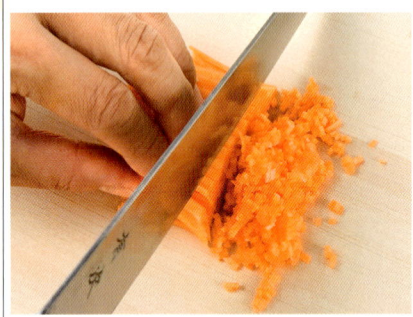

4 せん切りにしたものを90度回転させ、端から1〜2mmの小片に切る。

## みじん切り（玉ねぎ）

1 玉ねぎは縦半分に切り、切った面を下にして置く。根元は切り離さずに、繊維に沿って2〜3mm幅に切る。

2 90度回転させ、厚みに2〜3mm幅に切り込みを入れる（根元側は切り離さない）。

3 端から2〜3mm幅に切る（根元側を切り離さずにおくと、玉ねぎが動かずに切りやすい）。根元側ぎりぎりまで切る。

## 3mmの角切り（にんじん）

**1** にんじんは縦に3mm幅に切り、重ね合わせて端から3mm幅に切る。

**2** 90度回転させ、重ね合わせて端から3mm幅に切る。

**3** 3mm角、5mm角、7mm角、1cm角。3〜5mm角のものを「あられ切り」、7mm角以上のものを「さいの目切り」ともいう。

## 半月切り（にんじん）

輪切りを半分に切った形。にんじんは縦半分に切り、切った面を下にして端から切る。

## いちょう切り（にんじん）

半月切りをさらに縦半分に切った形。にんじんは縦に4等分に切り、切った面を下にして端から切る。

## 短冊切り（にんじん）

短冊のように薄い長方形に切った形。にんじんは縦に1cm厚さの板状に切り、端から2〜3mm厚さに切る。

## 拍子木切り（にんじん）

拍子木の形（四角の棒状）に切ったもの。にんじんは縦に1cm厚さの板状に切り、端から1cm厚さに切る。

## 小口切り（ねぎ）

切り口の丸いものを端から切ることを「輪切り」といい、ねぎやきゅうりのように切り口が小さいものを「小口切り」という。

## くし形切り（かぶ）

かぶやトマトなど丸い素材をくしの形に切ったもの。縦半分に切り、芯を中心にして厚みを等分に切り分けた形。

## 大根の皮を除く

大根は皮の内側の筋ばった部分がかたいので、筋ごと厚く皮をむく。

## かぶの皮を除く

大根同様に、かぶも皮の内側の筋ばった部分がかたい。筋ごと厚く皮をむく。

## アスパラガスの皮を除く

アスパラガスの根元の皮はかたいので、ピーラーで薄くむく。

## 里芋の皮を除く

**1** 里芋は洗い、乾かす（こうすると皮をむいたときに手がかゆくならない）。

**2** 上下を少し切り捨て、縦に厚く皮をむく。

## かぼちゃのわたと皮を除く

**1** かぼちゃは縦四つ割りにする（または切ったものを買い求める）。わたはスプーンでくり抜く。

**2** 縦に半分に切り、切った面を下にしてすわりをよくし、皮を削る（ピーラーを使っても）。

### トマトの皮を除く（湯むき）

**1** トマトはへたの部分に包丁目をくるりと入れ、へたをくり抜く。

**2** おたま（穴あきだとなおよい）にのせ、沸騰湯に浸す。

**3** 切り口がはがれてきたら湯から引き上げ、水にとる。

**4** 皮がはがれてきたところから縦に引き、除く。

### トマトの皮を除く（切ったもの）

トマトは（1個以下の場合）、くし形切りにして皮に沿って縦に包丁を入れて皮をむく。

### ブロッコリーを小房に分ける

ブロッコリーを房に分けること。枝分かれした茎に包丁を入れて切る。

### しめじ類、えのきたけの石づきを除く

石づきとは、根元のかたい部分のこと。おがくずや土がついているので切り捨てる。

### 生しいたけの石づきを除く

生しいたけは、笠、軸、石づきに分かれる。石づきはかたいので切り捨てる。軸はこりこりして歯ごたえがあるので、大人の料理に。

食べるのが好きになる！
# 下ごしらえ、その他

## レバーの下ごしらえ

1 レバーは流水で洗い、たっぷりの水にさらして血抜きをする。

2 沸騰湯に入れ、さっとゆでる。

3 ざるにあげて湯をきる（ゆでこぼすという）。血抜きをし、ゆでこぼすことでレバーの臭みが抜け、うま味は残る。

## 鶏ささ身の筋を除く

1 鶏ささ身の白い筋の両側に沿って浅い切り目を入れる。

2 まな板の端などを使い、筋を手前に置いてしっかりと持ち、包丁を当てる。

3 そのまま身をしごきながら包丁を身のほうに引き、筋を除く。

## シラス干しの塩けを抜く

シラス干しは沸騰湯でさっとゆでてざるにあげ、湯をきる。

## 油揚げの油抜き

沸騰湯にさっとくぐらせ、油を抜く。こうすると調味料がしみ込みやすくなる。

## エビの背わたを除く

殻をむく前に、背を丸めて持ち、頭から2〜3節目に平行に竹串を刺し通し、背わたを引き抜く。

### 卵黄と卵白に分ける

卵を割り、卵黄を片方の殻からもう一方の殻へそっと移すことを2、3回くり返しながら卵白をボールに落とす。

### アクを除く（切ったら水にさらす）

じゃが芋、さつま芋、里芋などの芋類は、切ったら水にさらしてでんぷんを落とす。色が黒ずむことなく、味のしみ込みもよくなる。

### アクを除く（ゆでたら水にさらす）

青菜（ほうれん草、小松菜など）は、ゆでたら水にさらす。アクっぽさがなくなり、緑色もあざやかになる。

### 出てきたアクを除く

加熱途中で出てきたアクをおたまですくう。水を入れたボールを用意し、すくったアクをボールの水に放す。

## 水加減

**材料をなべの中に平らに入れたときの水やだしの量を解説します。**

ひたひたの水は、水の表面からわずかに材料が出ているくらいの水の量。

かぶるくらいの水は、水の表面から材料が出ないくらいの水の量。

たっぷりの水は、水の中で材料が泳ぐくらいの水の量。

# 食べるのが好きになる！
# 裏ごしする、すりつぶす

## 裏ごし器で濾す（じゃが芋）

**1** 裏ごし器よりもひとまわり大きいぬれぶきんを置き（すべり止め）、裏ごし器の内側には受け皿を置く。

**2** 正面から見て、網目が×の形になるように裏ごし器を置く。

**3** やわらかくゆでたじゃが芋を網の上に置き、片手で木べらをしっかり持ち、もう片方の手首で木べらを押しつけながら手前に引く。

**4** 木べらは寝かせて網にぴったりと押しつけるようにすると、面積が広くなってつぶしやすい。

**5** 網の内側についたじゃが芋もこそげ落とす。

**6** つぶつぶがなく、なめらかで均一な口あたりになる。

## 裏ごし器で濾す（にんじん）

**1** やわらかくゆでたにんじん※は、じゃが芋と同様に濾す。
※にんじんは細かく切るよりも、1cm厚さくらいに切ってゆでるほうがやわらかくなる。さつま芋、かぼちゃ、玉ねぎなども同様。

**2** つぶつぶがなく、なめらかで均一な口あたりになる。

## すり鉢ですりつぶす（シラス干し）

**1** 下ゆでしたシラス干しをすり鉢に入れる。シラス干し、白身魚、絹ごし豆腐はすり鉢を使うとすりつぶしやすい。

**2** すりこ木をしっかり持ち、押しつけるようにしてすりつぶす。

**3** 均一の状態になるまですりつぶす。

## スプーンの背でつぶす（絹ごし豆腐）

**1** やわらかな素材の絹ごし豆腐などは、スプーンの背で押しつぶすことができる。

**2** 7、8か月ごろになったら、このくらいつぶせば食べられる。

## フォークの背でつぶす（にんじん）

**1** やわらかくゆでたにんじんは、フォークの背で押しつぶす。スプーンよりも安定していてつぶしやすい。かぼちゃ、じゃが芋なども同様。

**2** かなり細かくつぶれる。7、8か月ごろの離乳食から使える。

食べるのが好きになる！
# のばす、とろみをつける

## だしを加えてのばす

**1** 5、6か月ごろは、裏ごししたりすりつぶしたりした素材に、だしを加えてゆるめる。

**2** 様子をみながら少量ずつだしを加え混ぜる。かたければさらにだしを足す。

**3** なめらかでとろりとした状態になるまでだしを加え混ぜて調整する。

## とろみをつける（水どきかたくり粉）

**1** かたくり粉と水の割合は、かたくり粉1に対して水は2。分離しやすいので、よく混ぜ合わせる。

**2** なべを火にかけて煮立て、いったん火を消して水どきかたくり粉を加え、均一に広がるようにかき混ぜる。

**3** 再び火にかけ、そのままかき混ぜながらとろりとなるまで加熱する。

## とろみをつける
以下の素材も、とろみをつけたりまとめたりするのに便利です。

**つぶしたじゃが芋**
刻んだにんじん、ブロッコリーなど、口の中でばらばらになりやすい素材と合わせると、まとまって食べやすい。

**プレーンヨーグルト**
かぼちゃやさつま芋などに酸味をつけるとともに、とろみづけにもなる。そのまま使えるのが便利。

# 調理の前に——かならずお読みください

## レシピの見方

- 材料表に示された素材（魚介類、野菜、芋、くだものなど）の重量は、断わり書きがないもの以外はすべて、正味重量です。
  正味重量とは、皮、骨、殻、芯、種など、食べない部分を除いた、実際に口に入る重量のことです。

  【例】かぼちゃ……30g　⇒　わたと皮を除いた重量
  　　　かぼちゃ……皮つきで30g　⇒　わたを除いた重量

- 材料の計量は、標準計量カップ・スプーンを使いました。
- 塩は「小さじ1＝5g」のものを使いました。1g未満のときは「少量」と表記してあります。
- フライパンはフッ素樹脂加工のものを使いました。
- だし（作り方21〜23ページ）は、5、6か月ごろの離乳食では「野菜だし」または「こんぶだし」を使います。7、8か月ごろの離乳食以降は、どのだしを使ってもOK。材料表には「だし」とだけ表記してあります。

## 計量カップ・スプーンの使い方

標準計量カップ・スプーンは、1カップ＝200ml、大さじ1＝15ml、小さじ1＝5mlのものです。

### 1杯分の計り方
カップもスプーンも計り方は同じです。液体は表面張力で液体が盛り上がるように計ります。粉類は自然に山盛りにすくい、へらで縁にそってすり切ります。

### スプーン½杯、¼杯の計り方
上記の要領でスプーン1杯分を計り、へらのカーブをまっすぐに差し込んで先を払い、½杯を計ります。½杯の状態から、さらにその半分を同じようにして払い、¼杯を計ります。

撮影／山本明義

**計量カップ・スプーン**
❶カップ（200ml）　❷大さじ（15ml）　❸小さじ（5ml）
❹ミニスプーン（1ml）　❺すり切り用へら

### 本書のレシピの調味料や頻繁に使う素材の重量

| 食品名 | 小さじ（5ml） | 大さじ（15ml） | カップ（200ml） |
|---|---|---|---|
| 水・酢・酒 | 5g | 15g | 200g |
| しょうゆ | 6g | 18g | 230g |
| みりん・みそ | 6g | 18g | 230g |
| あら塩（並塩） | 5g | 15g | 180g |
| 食塩 | 6g | 18g | 240g |
| 上白糖 | 3g | 9g | 130g |
| 小麦粉（薄力粉） | 3g | 9g | 110g |
| かたくり粉 | 3g | 9g | 130g |
| パン粉 | 1g | 3g | 40g |
| ベーキングパウダー | 4g | 12g | 150g |
| 牛乳 | 5g | 15g | 210g |
| 中濃ソース | 6g | 18g | — |
| トマトケチャップ | 5g | 15g | 230g |
| マヨネーズ | 4g | 12g | 190g |
| 粉チーズ | 2g | 6g | 90g |
| ごま | 3g | 9g | 120g |
| 練りごま | 5g | 15g | 210g |
| 油 | 4g | 12g | 180g |
| バター・マーガリン | 4g | 12g | 180g |
| ピーナッツバター | 6g | 17g | — |
| ジャム | 7g | 21g | 250g |
| 米 | — | — | 170g |

## 離乳食スタートのタイミングは？

赤ちゃんは、哺乳反射でおっぱいやミルクを飲みます。哺乳反射とは、乳首などが口のまわりに触れたら口を開き、口の中まで入ってきたものをチュッチュッと吸う動きの一方で、スプーンのようなかたいものは舌で押し出そうとする無意識の反応です。この哺乳反射は4〜5か月になると少しずつ消え始め、7か月になるとほとんど見られなくなります。

生後5〜6か月ごろになり、次のような様子がすべて見られたら、離乳食を開始しましょう。

①首のすわりがしっかりしている。
②支えてあげるとすわることができる。
③食べ物に興味を示す。
④スプーンなどを口に入れても舌で押し出すことが少なくなる。

離乳食は、6か月からスタートしても遅くはありません。また、早産で生まれた赤ちゃんの場合は、予定日から数えて5〜6か月ごろから始めるようにしましょう。

## 離乳食を始める前に、スプーンに慣れる練習は必要？

離乳食の開始前に、スプーンに慣れる練習をする必要はありません。

なぜなら、赤ちゃんの哺乳反射が見られる間は、スプーンを舌で押し出して受けつけないからです。それは、「離乳食をまだ始めるタイミングではない」というサインです。

赤ちゃんの
食卓まわり
et の cetera
エトセトラ

## 果汁は生後6か月までは不要 !?

以前は、「生後4か月ごろになったら果汁や白湯を赤ちゃんに与えて、離乳食を始める準備をしましょう」といわれていました。しかし現在は、離乳前に果汁などを飲ませると、母乳やミルクを飲む量が減ったり、必要なエネルギーや栄養素が不足したりすることがあるとされています。

離乳食開始前の赤ちゃんに最も適切な栄養は、母乳やミルクです。水分補給も、ほかに必要ありません。母乳やミルク以外の味に慣れるのは、離乳食を開始してからで充分です。果汁を与えるのは、離乳食が順調に進んでからにしましょう。

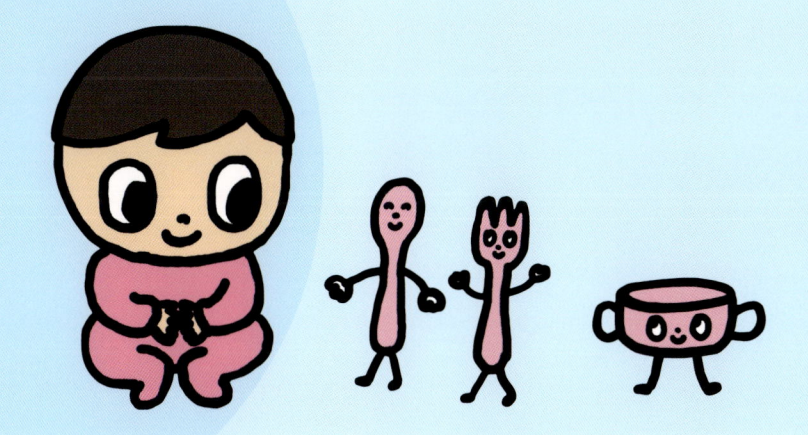

食べるのが好きになる離乳食
# 5、6か月ごろ

**離乳食の進め方を覚えましょう**

支えるとすわることができる、食べ物に興味を示す（34ページ）などの様子が見られたら、いよいよ離乳食のスタートです。
初めて口にするものは、赤ちゃんも興味ととまどいでいっぱいです。
赤ちゃんが離乳食に無理なく少しずつ慣れるように、ママは離乳食の進め方を覚えましょう。

# 5、6か月ごろ…赤ちゃんの成長と食生活

## 1 赤ちゃんの成長

　生後3～4か月ごろ、首がすわり、あやすとよく笑うようになった赤ちゃんは、5か月ごろには腰を支えてあげるとすわれるようになります。近くのものに手をのばしてつかんだり、つかんだものを口へ持っていったりします。

　6か月になると、おすわりをして、体のそばにあるものに手をのばしてつかむようになります。また、家族いっしょのときに話しかけるような声を出したり、テレビの音がするとすぐにそちらを見たりします。

## 2 食べ方、食事の与え方

　この時期になると、口に入った食べ物をのどに少しずつ移動させ、唇を閉じてごっくんと飲み込むことができるようになります。

　赤ちゃんは、ベビースプーン（38ページ）にのせた食べ物を唇ですりとり、舌を前後に動かして食べ物をのどに送ります。水けが多いものは、のどに早く流れて行ってむせやすいので、とろみをつけるようにしましょう。

　離乳食を与えるときは、赤ちゃんの上半身を少しうしろに傾けるようにしましょう。ママのひざに抱っこしてあげるのがいいでしょう。

## 3 この時期から食べられる素材

　まずは米から始め、次に野菜や芋やくだものを加え、そして、高たんぱく質で低脂肪の絹ごし豆腐や白身魚へと進みます。

　米は10％がゆ（＝10倍がゆともいう。作り方20ページ）にし、初めのうちはよくすりつぶして与えます。野菜や芋は、アクが少なく、煮るとやわらかくなるものを選びます。くだものは酸味が少ないものにしましょう。

　米、野菜、芋、くだものに慣れ、赤ちゃんの体調に変化がなければ絹ごし豆腐を与えます。絹ごし豆腐を与えてさらに体調に変化がなければ白身魚を与えます。

●この時期から食べられるおもな素材
炭水化物：**つぶしがゆ**
たんぱく質：**絹ごし豆腐、白身魚（タイ、カレイ、ヒラメなど）、プレーンヨーグルト**
ビタミン・ミネラル：**にんじん、ほうれん草、かぼちゃ、かぶ、キャベツ、大根、白菜、玉ねぎ、ブロッコリー、じゃが芋、さつま芋、りんご、バナナなど**
調味料など：**不要。素材の味わいとだしの風味のみで充分**

## 4 離乳食の形態、大きさ、かたさ

この時期の離乳食は、よく煮るかゆでるかし、すりつぶしたり裏ごししたりしてなめらかな状態にします。つぶつぶがなく、均一の舌ざわりにすると赤ちゃんも違和感なく、よく食べるようになります。かたさとなめらかさの目安は、プレーンヨーグルトやポタージュくらいです。

水けが少ないものは野菜だしやこんぶだしを加えてのばしましょう。逆に水けが多いものは、水どきかたくり粉やマッシュしたじゃが芋などを加えて、かたさを調整します。

**にんじん**
やわらかくゆでて裏ごし器で濾し、かたいときは野菜だしでのばしてなめらかにします。スプーンですくうと、とろりと落ちる状態です。

**ほうれん草**
やわらかな葉先を使います。やわらかくゆでてすりつぶし、野菜だしでのばしてなめらかに。スプーンですくうと、とろりと落ちる状態です。

**絹ごし豆腐**
ゆでてすり鉢ですりつぶし、かたいときはこんぶだしでのばしてなめらかにします。スプーンですくうと、ゆっくりと落ちる状態です。

**米（つぶしがゆ）**
10％がゆを作り、すりつぶしておかゆの粒が残らないようにします。とろりとしたのり状で、とてもなめらかです。

## 5 どのくらい食べたらいいの？

初めての離乳食は、日中につぶしがゆを一日1回、ベビースプーン1さじから始めます。赤ちゃんの体調や様子を見ながら、翌日からは1さじずつ増やしていきます。

1週間たったら野菜のピュレを加え、毎日1さじずつ増やしていきます。3週目にはたんぱく質のピュレを一日おきに加えるようにします。たんぱく質食品はアレルギーを起こすこともあるので、毎日ではなく1～2日おきに与え、赤ちゃんの体調を見るようにしましょう。

5、6か月ごろの赤ちゃんの栄養源は母乳やミルクです。離乳食を始めたからといって、母乳やミルクを減らす必要はありません。

## 6 離乳食タイムスケジュール

日中1回を離乳食タイム（離乳食のあとに、母乳かミルクを与える）に。赤ちゃんがほしがるだけ母乳やミルクを与えます（一日のミルクの目安量750～1000㎖）。

◆ 離乳食
● ミルク（夜間に＋1回）
※母乳は、ほしがるときにほしがるだけ
・あくまでも一例です。この通りにする必要はありません。

# 5、6か月ごろ　1週目

　離乳食は、赤ちゃん用のスプーン1さじ分のつぶしがゆからスタートです。

　初めて与える食べ物は、食後、赤ちゃんに変わった様子はないか、機嫌は悪くはないか、肌に発疹やかゆみが出てはいないか、便の状態はいつもと変わらないか、などをチェックしましょう。

　特に変わった様子がなく、赤ちゃんがもっとつぶしがゆを食べたがるようなら、翌日は2さじ、翌々日は3さじ、というように、毎日1さじずつ増やしてみましょう。

　赤ちゃんがつぶしがゆを嫌がったり、ある量以上は食べない場合、無理は禁物です。いったん中止し、赤ちゃんの様子を見て再開したり、1日1さじではなく、2〜3日に1さじずつ増やしたりなどしましょう。焦りは禁物です。赤ちゃんの食べるペースに合わせましょう。

**実物大**

**1日目** つぶしがゆ…ベビースプーン*1さじ

※一般に「フィーディングスプーン」ともいいますが、ここでは「ベビースプーン」と表記します。

## つぶしがゆ

**作り方**

　おかゆ（作り方20ページ）をベビースプーンの背でつぶし、なめらかにする。

　おかゆの粒が口の中に残って赤ちゃんが嫌がるなら、すり鉢ですりつぶす。

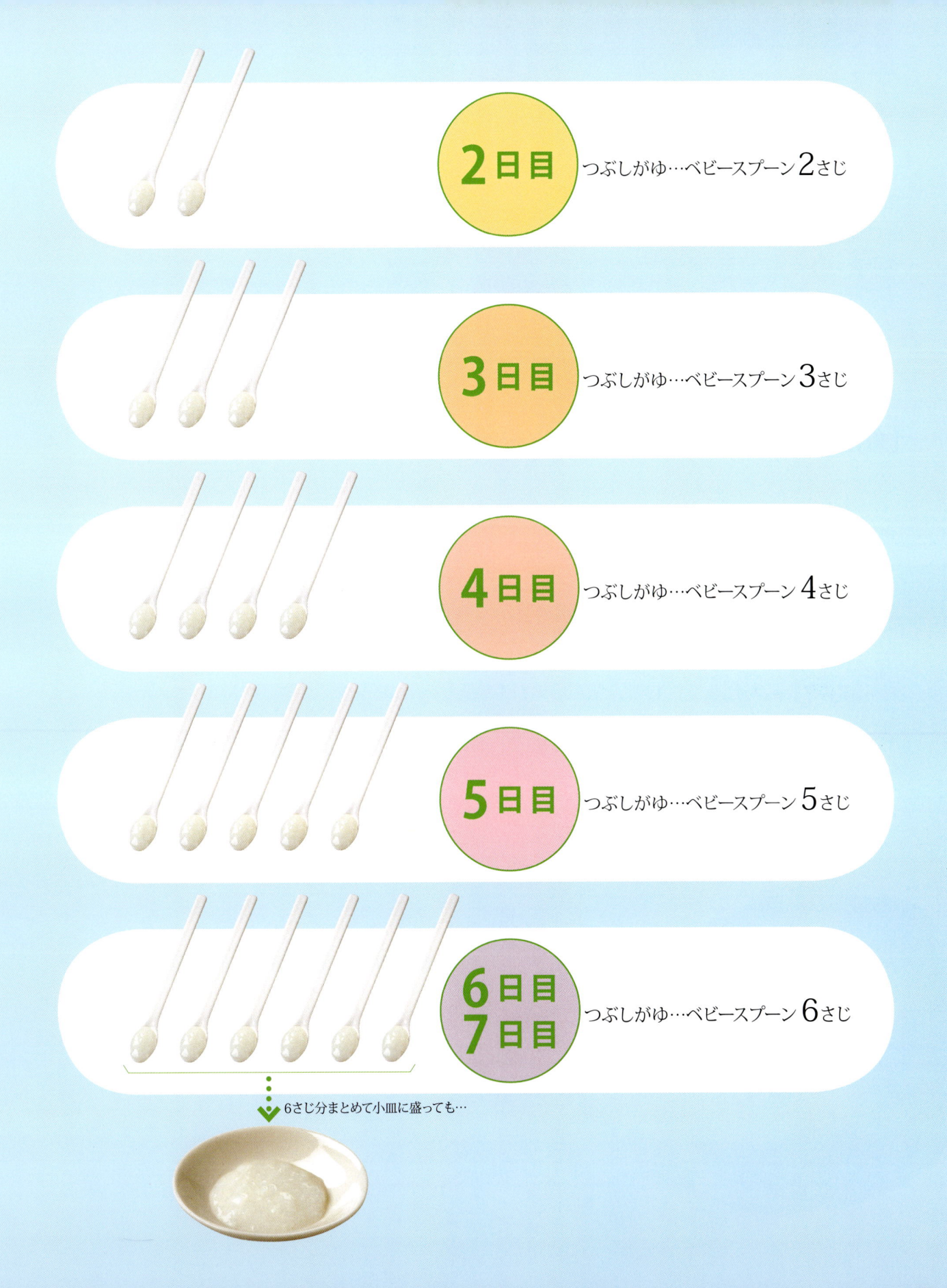

**2日目** つぶしがゆ…ベビースプーン2さじ

**3日目** つぶしがゆ…ベビースプーン3さじ

**4日目** つぶしがゆ…ベビースプーン4さじ

**5日目** つぶしがゆ…ベビースプーン5さじ

**6日目**
**7日目** つぶしがゆ…ベビースプーン6さじ

6さじ分まとめて小皿に盛っても…

# 5、6か月ごろ　2週目

つぶしがゆに慣れてきたら、2週目は野菜や芋、くだもののピュレをプラスしてみましょう。

まずは、にんじんのピュレから。にんじんに慣れたら、ほかの野菜や芋にかえてみましょう。

## にんじんのピュレ

**作り方**
1. 皮を除いたにんじん80gは1cm厚さの半月切りにする。
2. 小なべににんじんを入れ、かぶるくらいの水を加えてやわらかくなるまでゆでる。
3. 湯をきり、裏ごし器で濾す。
4. ベビースプーン1さじ分に野菜だし（作り方21ページ）を少量ずつ加え混ぜ、とろりとなるまでのばす。

**1日目**
つぶしがゆ…約15g（ベビースプーン6さじ分）
にんじんのピュレ…ベビースプーン1さじ

**2日目**
つぶしがゆ…約15g
にんじんのピュレ…ベビースプーン2さじ

**3日目**
つぶしがゆ…約15g
にんじんのピュレ…ベビースプーン3さじ

**4日目**
つぶしがゆ…約15g
かぶのピュレ…ベビースプーン4さじ

**5日目**
つぶしがゆ…約15g
かぶのピュレ…ベビースプーン5さじ

## 6日目
つぶしがゆ…約15g
かぶのピュレ…ベビースプーン6さじ

## 7日目
つぶしがゆ…約15g
にんじんのピュレ…ベビースプーン6さじ

### かぶのピュレ
**作り方**
1 皮を厚くむいたかぶ100gは1cm厚さの半月切りにする。
2 小なべにかぶを入れ、かぶるくらいの水を加えてやわらかくなるまでゆでる。
3 湯をきり、おろし金ですりおろす（または裏ごし器で濾す）。

## 野菜、芋、くだもののピュレ レパートリー

### ほうれん草のピュレ
**作り方** 
1 ほうれん草の葉先80gはゆでて水にとり、水けを絞る。
2 細かく刻み、すり鉢ですりつぶす。
3 2の1回分に野菜だしを少量ずつ加え混ぜ、とろりとなるまでのばす。

### 玉ねぎのピュレ
**作り方**
1 繊維に垂直に切った玉ねぎ100gはやわらかくなるまでゆで、湯をきる。
2 細かく刻み、裏ごし器で濾す。

### さつま芋のピュレ
**作り方**
1 皮を厚くむいたさつま芋60gは1cm厚さのいちょう切りにし、やわらかくなるまでゆでる。
2 湯をきり、裏ごし器で濾す。
3 2の1回分に野菜だしを少量ずつ加え混ぜ、とろりとなるまでのばす。

### じゃが芋のピュレ
**作り方**
1 皮をむいたじゃが芋100gは1cm厚さのいちょう切りにし、やわらかくなるまでゆでる。
2 湯をきり、裏ごし器で濾す。
3 2の1回分に野菜だしを少量ずつ加え混ぜ、とろりとなるまでのばす。

### かぼちゃのピュレ
**作り方**
1 わたと皮を除いたかぼちゃ80gは1cm厚さのいちょう切りにし、やわらかくなるまでゆでる。
2 湯をきり、裏ごし器で濾す。
3 2の1回分に野菜だしを少量ずつ加え混ぜ、とろりとなるまでのばす。

### ブロッコリーとじゃが芋のピュレ
**作り方**
1 ブロッコリー2房（30g）はやわらかくなるまでゆで、湯をきる。つぼみの部分を刻み、裏ごし器で濾す。
2 1の重量に対し、じゃが芋のピュレ½量を加え混ぜる。
3 2の1回分に野菜だしを少量ずつ加え混ぜ、とろりとなるまでのばす。

### りんごのピュレ
**作り方**
1 皮と芯を除いたりんご80gは5mm厚さのいちょう切りにし、やわらかくなるまでゆでる。
2 湯をきり、すり鉢ですりつぶす。

### バナナのピュレ
**作り方**
1 バナナ80gは5mm厚さの輪切りにし、中心が温かくなるまでゆでる。
2 湯をきり、フォークの背でつぶす。

レシピは作りやすい分量です。あまった分はママの味見用に。

## 5、6か月ごろ　3週目

野菜や芋やくだもののピュレに慣れたら、たんぱく質食品のピュレをプラスしましょう。3週目の献立例を紹介します。

### 絹ごし豆腐のピュレ

**作り方**
1 小なべにこんぶだし（作り方22ページ）¼カップを入れて火にかけ、煮立ったら絹ごし豆腐30gを入れて中心が温かくなるまで煮る。
2 湯をきり、すり鉢ですりつぶす。

**1日目**
- つぶしがゆ…約15g（ベビースプーン6さじ分）
- にんじんのピュレ…約10g（ベビースプーン6さじ分）
- 絹ごし豆腐のピュレ…ベビースプーン1さじ

**2日目**
- つぶしがゆ…約15g
- 野菜のピュレ※…約10g（ベビースプーン6さじ分）

※赤ちゃんの好みのもの。写真はブロッコリーとじゃが芋のピュレ。

**3日目**
- つぶしがゆ…約15g
- 野菜のピュレ※…約10g
- ヒラメのピュレ…ベビースプーン1さじ

※赤ちゃんの好みのもの。写真はかぼちゃのピュレ。

### ヒラメのピュレ

**作り方**
1 皮と骨をとり除いたヒラメ30gはゆでて火を通し、湯をきり、すり鉢ですりつぶす。
2 ベビースプーン1さじ分にこんぶだしを少量ずつ加え混ぜ、ぽってりとなるまでのばす。

**4日目**
- つぶしがゆ…約15g
- 野菜のピュレ※…約10g

※赤ちゃんの好みのもの。写真はブロッコリーとじゃが芋のピュレ。

**5日目**
- つぶしがゆ…約15g
- にんじんのピュレ…約10g
- 絹ごし豆腐のピュレ…ベビースプーン2さじ

**6日目**
- つぶしがゆ…約15g
- 野菜のピュレ※…約10g

※赤ちゃんの好みのもの。写真はかぶのピュレ。

**7日目**
- つぶしがゆ…約15g
- 野菜のピュレ※…約10g
- ヒラメのピュレ…ベビースプーン2さじ

※赤ちゃんの好みのもの。写真はかぼちゃのピュレ。

## たんぱく質食品のピュレ レパートリー

### タイのピュレ
**作り方**
1. 皮と骨をとり除いたタイ30gはゆでて火を通し、湯をきり、すり鉢ですりつぶす。
2. 1の1回分にこんぶだしを少量ずつ加え混ぜ、ぽってりとなるまでのばす。

### カレイのピュレ
**作り方**
1. 皮と骨をとり除いたカレイ30gはゆでて火を通し、湯をきり、すり鉢ですりつぶす。
2. 1の1回分にこんぶだしを少量ずつ加え混ぜ、ぽってりとなるまでのばす。

### シラス干しのピュレ
**作り方**
1. シラス干し15gはさっとゆでて塩けを抜き、湯をきり、すり鉢ですりつぶす。
2. 1の1回分にこんぶだしを少量ずつ加え混ぜ、ぽってりとなるまでのばす。

### プレーンヨーグルト
そのまま食べられるのが便利。開封したてのものを赤ちゃんに食べさせたい。

レシピは作りやすい分量です。あまった分はママの味見用に。

# 5、6か月ごろ 4週目・5週目〜

離乳食を開始して4週目になったら、おかゆに野菜や芋やたんぱく質食品のピュレを混ぜ合わせたり、2種類のピュレを組み合わせたりして味わいに変化をつけましょう。

5週目になり、赤ちゃんもママも一日1食の離乳食に慣れたら、一日2食にしてもいいでしょう。1食の量は、4週目を参考にしてください。

・( )は作り方ページを示す。

### かぼちゃがゆ
**作り方**
つぶしがゆ20〜30gにかぼちゃのピュレ(P41)ベビースプーン3さじを加え混ぜる。

### シラス干しのおかゆ
**作り方**
つぶしがゆ20〜30gにシラス干しのピュレ(P43)ベビースプーン3さじを加え混ぜる。

## 4週目

**1日目**
- つぶしがゆ(P38)…20〜30g
- 野菜のピュレ(P40〜41)…10〜20g
- 絹ごし豆腐のピュレ(P42)…ベビースプーン3さじ

**2日目**
- かぼちゃがゆ
- りんごのピュレ(P41)…10〜20g

**3日目**
- つぶしがゆ…20〜30g
- 野菜のピュレ…10〜20g
- 白身魚のピュレ(P42〜43)…ベビースプーン3さじ

**4日目**
- シラス干しのおかゆ
- 野菜のピュレ…10〜20g

**5日目**
- つぶしがゆ…20〜30g
- 野菜のピュレ…10〜20g
- 絹ごし豆腐のピュレ…ベビースプーン3さじ

**6日目**
- かぶがゆ
- バナナヨーグルト

**7日目**
- つぶしがゆ…20〜30g
- 野菜のピュレ…10〜20g
- 白身魚のピュレ…ベビースプーン3さじ

### かぶがゆ
**作り方**
つぶしがゆ20〜30gにかぶのピュレ(P41)ベビースプーン3さじを加え混ぜる。

### バナナヨーグルト
**作り方**
バナナのピュレ(P41)20gにプレーンヨーグルトベビースプーン2さじを加え混ぜる。

## 5週目～

### 1日目
**1食目**
つぶしがゆ
野菜のピュレ
りんごのピュレ

**2食目**
かぼちゃがゆ
野菜のピュレ
白身魚のピュレ

### 2日目
**1食目**
かぶがゆ
野菜のピュレ
絹ごし豆腐のピュレ

**2食目**
つぶしがゆ
野菜のピュレ
じゃが芋のピュレ（P41）

### 3日目
**1食目**
かぼちゃがゆ
野菜のピュレ

**2食目**
つぶしがゆ
野菜のピュレ
絹ごし豆腐のピュレ

### 4日目
**1食目**
つぶしがゆ
さつま芋のピュレ（P41）
白身魚のピュレ

**2食目**
にんじんがゆ
野菜のピュレ

### 5日目
**1食目**
シラス干しのおかゆ
ブロッコリーと
　じゃが芋のピュレ（P41）

**2食目**
つぶしがゆ
野菜のピュレ
くだもののピュレ（P41）

### 6日目
**1食目**
うどんのくたくた煮
野菜のピュレ
絹ごし豆腐のピュレ

**2食目**
つぶしがゆ
野菜のピュレ
白身魚のピュレ

### 7日目
**1食目**
つぶしがゆ
野菜のピュレ
バナナヨーグルト

**2食目**
ほうれん草がゆ
野菜のピュレ

---

### にんじんがゆ
**作り方**
にんじんのピュレ（P40）ベビースプーン2さじにつぶしがゆ20～30gを加え混ぜる。

### うどんのくたくた煮
**作り方**
1 ゆでうどん20gは刻み、やわらかくなるまでゆでる。
2 湯をきり、ブロッコリーとじゃが芋のピュレ（P41）ベビースプーン2さじを加え混ぜる。

### ほうれん草がゆ
**作り方**
つぶしがゆ20～30gにほうれん草のピュレ（P41）ベビースプーン2さじを加え混ぜる。

5、6か月ごろ

# ママごはんから とり分け

**ママごはん** **menu 1**

みそ煮込みうどん
ヨーグルトのピーチのせ

1食分 532kcal　塩分 5.0g

野菜もたんぱく質もしっかりとれる具だくさんのうどんに、
手軽なカルシウム源のヨーグルトのデザートを組み合わせます。

## みそ煮込みうどん

**材料** 大人1人分と乳児1人分
★赤文字は全体量のうちの乳児1人分の目安量

| | | |
|---|---|---|
| うどん | 200g | 20g |
| 大根・にんじん | 各40g | 各10g |
| 鶏肉 | 30g | |
| 白菜・ねぎ・しめじ類 | 各25g | 各5g |
| こんぶだし | 2カップ | |
| 卵 | 1個 | |
| みそ | 大さじ1 2/3 (30g) | |
| みりん | 大さじ1強 (20g) | |

大人1人分 440kcal 塩分 4.9g

**作り方**

1 大根とにんじんは1cm厚さの半月切りにする。鶏肉と白菜は一口大に切り、ねぎは小口切りにし、しめじは石づきを除く。
2 なべにだしと鶏肉を入れて火にかけ、煮立ったらアクを除く。1とうどんを加えて煮る。
3 乳児用の野菜、しめじ類、うどんをとり分ける。大人用にはみそをとき入れ、みりんを加え混ぜて味をととのえる。
4 卵を割り入れ、好みのかたさになるまで煮る。

## ヨーグルトのピーチのせ

**材料** 大人1人分と乳児1人分
★赤文字は全体量のうちの乳児1人分の目安量

| | | |
|---|---|---|
| プレーンヨーグルト | 110g | 10g |
| 黄桃（缶詰め） | 40g | 少量 |

大人1人分 920kcal 塩分 0.1g

**作り方**

1 黄桃は缶汁をきって5mm角に切り、乳児用をとり分ける。
2 ヨーグルトは乳児用をとり分け、大人用は器に盛って1をのせる。

## とり分け離乳食

### 煮込みうどん

だしの風味と野菜の甘味がきいているので、味つけなしで充分おいしい。

**作り方**

❶ かたくり粉小さじ½に水小さじ1を加え混ぜる。
❷ 「みそ煮込みうどん」の3でとり分けた野菜、しめじ類、うどんは刻み、小なべに入れる。
❸ こんぶだしをひたひたに注ぎ入れてさらにやわらかくなるまで煮て、❶でとろみをつける。

### ヨーグルトのピーチのせ

ヨーグルトはそのままで離乳食に使えるのが便利。黄桃でほのかに甘味をプラスします。

**作り方**

❶ とり分けた黄桃はすり鉢ですりつぶす。
❷ とり分けたヨーグルトを器に盛り、❶をのせる。

# 5、6か月ごろ
## ママごはんから とり分け

**ママごはん menu 2**

彩りあんかけ丼
ビーンズサラダ

1食分 693kcal　塩分 3.6g

彩りがきれいな丼は栄養のバランスも満点です。
サラダの豆は缶詰めを使って手軽に。

### ビーンズサラダ

**材料** 大人1人分と乳児1人分
★赤文字は全体量のうちの乳児1人分の目安量

| | |
|---|---|
| ミックスビーンズ（缶詰め） | 40g |
| ベビーリーフ | 30g |
| ミニトマト | 35g　**10g** |
| ドレッシング（好みのもの） | 15g |

大人1人分 136kcal　塩分 0.5g

**作り方**

1 ベビーリーフは洗い、水けをきる。
2 ミニトマトはへたを除いて乳児用をとり分け、大人用は縦に半分ずつに切る。
3 皿にベビーリーフ、ミニトマト、ミックスビーンズを盛り合わせ、ドレッシングをまわしかける。

## 彩りあんかけ丼

**材料** 大人1人分と乳児1人分
★赤文字は全体量のうちの乳児1人分の目安量

| | | |
|---|---|---|
| 絹ごし豆腐 | 130g | 30g |
| ほうれん草 | 50g | 3g |
| ジャンボピーマン（赤） | 30g | |
| 生しいたけ | 20g | |
| 豚赤身ひき肉 | 40g | |
| ごま油 | 小さじ¾ | |
| 中国風ブイヨン 小さじ1＋水 ¾カップ | | |
| a｛しょうゆ | 小さじ2 | |
| 　酒 | 小さじ1 | |
| 　砂糖 | 少量 | |
| ｛かたくり粉 | 小さじ1 | |
| 　水 | 小さじ2 | |
| ごはん | 200g | |

大人1人分 557kcal 塩分 3.1g

### 作り方

1 豆腐は水けをきって2cm角に切り、乳児用をとり分ける。
2 ほうれん草はゆでて水にとり、水けを絞って3cm長さに切る。乳児用をとり分ける。
3 ピーマンはへたと種を除いて縦に細く切る。しいたけは軸を除いて細く切る。
4 フライパンにごま油を熱して豚肉をいため、3をいためてブイヨンと水を加えて煮る。
5 aを加え混ぜ、大人用の豆腐とほうれん草を加え混ぜてさっと煮て、水どきかたくり粉でとろみをつける。
6 丼にごはんを盛り、5をかける。

## とり分け離乳食

## 絹ごし豆腐とほうれん草のとろみ煮

豆腐とほうれん草をかたくり粉でまとめて食べやすく。

### 作り方

❶ かたくり粉小さじ½に水小さじ1を加え混ぜる。
❷「彩りあんかけ丼」の1でとり分けた絹ごし豆腐と、2でとり分けたほうれん草はそれぞれすり鉢ですりつぶす。
❸ 小なべに❷を入れ、こんぶだし大さじ2を加えて煮立てる。
❹ ❶でとろみをつける。

## トマトがゆ

ミニトマトの甘味と酸味でリゾット風に。

### 作り方

「ビーンズサラダ」の2でとり分けたミニトマトは皮と種を除いてすり鉢ですりつぶし、つぶしがゆ20〜30gに加え混ぜる。

## 食物アレルギーについて

　離乳食が順調に進み、食べられる素材の種類が増えるにつれて、食物アレルギーの原因になりうるものを口にする機会も増えるでしょう。

　食物アレルギーを起こしやすいとされる素材には、次のようなものがあります。これらは、離乳食を開始してしばらくは赤ちゃんに与えないようにしましょう。

　また、これらの素材を離乳食に初めて用いるときは、「一日1さじ」を守りましょう。

・特にアレルギー反応を起こしやすいもの⇒小麦、そば、卵、牛乳、落花生
・ときどきアレルギー反応を起こすもの⇒オレンジ、キウイフルーツ、桃、りんご、バナナ、牛肉、鶏肉、豚肉、大豆、山芋、くるみ、松たけ、アワビ、イカ、イクラ、エビ、カニ、サケ、サバ、ゼラチン

　家族に食物アレルギーがあったり、赤ちゃんがすでに発症しているなどの場合は、医師の診察を受けて予防や治療を行なうようにしましょう。

　しかし、食物アレルギーに注意するあまり、独断で離乳の開始を極端に遅らせたり、原因と思われる食べ物を与えなかったりすると、赤ちゃんの成長や発達に問題が生じる恐れがあります。医師の指示なしに、独断で食事制限を行なうことは絶対にしないでください。

> 赤ちゃんの
> 食卓まわり
> et の cetera
> エトセトラ

## 母乳にいい食事は？

　「赤ちゃんのために充分な母乳を与えたい。なにを食べたらいいのでしょうか」という質問をよく聞きます。

　母乳にいい食べ物は特にありませんが、炭水化物（ごはんやパン、めん）、たんぱく質（魚、肉、卵、牛乳・牛乳製品、大豆・大豆製品）、ビタミン・ミネラル（野菜、海藻、きのこ、芋、くだもの）をまんべんなく食べることが重要です。また、

母乳は100mlあたり60〜70kcalあり、赤ちゃんが飲む分以上のエネルギーを摂取しなければ充分に出ないので、授乳中は2400〜2600kcalが必要です。

　乳腺炎を防ぐ食事も特にありませんが、栄養バランスのよい食事を心がける、体を冷やさない、水分補給を充分にする、赤ちゃんにしっかり飲ませて母乳を残さないなどがたいせつです。

食べるのが好きになる離乳食
# 7、8か月ごろ

**離乳食のレパートリーを広げましょう**

離乳食をスタートして2か月ほどたち、赤ちゃんも離乳食に慣れてきたら、
離乳食のレパートリーを広げてさまざまな素材や味わいを体験させてあげましょう。
また、口の中で食べ物をつぶす練習の時期でもあります。
素材の大きさやかたさにも注意して、赤ちゃんが食べやすい離乳食を用意しましょう。

# 7、8か月ごろ…赤ちゃんの成長と食生活

## 1 赤ちゃんの成長

赤ちゃんは7か月になると、一人でしっかりとすわれるようになります。欲しいものに手をのばしてとろうとしたり、スプーンを持たせると自分の口に持っていったりします。食卓をかきまわすのも正常な発達です。

8か月になると、指で小さいものをつまもうとしたり、ほかの人が食べているものをほしがったりするようになります。

## 2 食べ方、食事の与え方

この時期になると舌が上下に動くようになり、舌で食べ物を上あごに押しつけてつぶすことができるようになります。そして、口をもぐもぐと動かしながらつぶした食べ物を唾液と混ぜ合わせ、舌の中央にまとめて飲み込みます。

離乳食を与えるときは、くぼみの浅いスプーンに食べ物を置いて赤ちゃんの下くちびるにのせ、上くちびるが閉じるのを待ちます。赤ちゃんが自分で口をあけ、自分で食べ物を口の中にとり込むことがたいせつです。

食事のときは、食卓の高さに合ったいすにすわらせましょう。ベビーラック、食卓にとりつけられるベビーチェアなどが便利です。

## 3 この時期から食べられる素材

いろいろな味や口あたりを楽しめるように、食品の種類を増やしていきます。

つぶしがゆは、おかゆ（作り方20ページ）に移行します。やわらかく調理したスパゲティやそうめんなどもいいでしょう。

魚は、白身魚に慣れたらサケやマグロが使えます。また、低脂肪の鶏ささ身やカテージチーズが食べられます。さらに、牛乳を調理に使ったり、充分に加熱した卵黄を使うことができます。

野菜や芋は、香りが強いもの、繊維がかたいもの以外ならOK。生野菜は避け、かならず加熱するようにしましょう。わかめやのりなどの海藻類も食べられるようになりますが、ぺらぺらと薄くて食べにくいので、刻んでおかゆに混ぜたり、とろみをつけたりします。

くだものは消化酵素が多く含まれるもの（キウイフルーツ、パイナップル、パパイヤ）以外にしましょう。

調味料は、この時期はあえて使う必要はありませんが、香味づけにしょうゆやみそ、バターを少し使ってもいいでしょう。

● **この時期から食べられるおもな素材**
炭水化物：**おかゆ、食パン（耳は除く）、そうめん、パスタ類（スパゲティ、マカロニなど）**
たんぱく質：**マグロ、サケ、鶏肉、かたゆで卵の黄身、牛乳（調理に使用）**
ビタミン・ミネラル：**なす、カリフラワー、海藻類、いちご、桃、梨、メロン、みかん**
調味料など：**塩、しょうゆ、砂糖、みそ、トマトピュレ、酢、バターなど、すべて香味づけ程度に少量を。**

## 4　離乳食の形態、大きさ、かたさ

　口をもぐもぐと動かすようになってきたら、舌でつぶせるかたさのものを試してみましょう。かたさの目安は、絹ごし豆腐やプリンくらいです。

　素材は、ゆでるか煮るかしてやわらかくし、刻んだりつぶしたりします。かたいままだとまるのみしてしまうので要注意。また、食べ物は小さすぎても薄すぎても舌でつぶしにくいので、ある程度の大きさや厚さが必要です。

　刻んだ野菜やひき肉などが口の中でまとまらない場合は、とろみをつけると飲み込みやすくなります。

**にんじん**
やわらかくゆで、フォークの背でつぶします。粒が残るくらいの大きさのほうが、赤ちゃんが舌でつぶしやすくなります。

**ほうれん草**
葉先をゆで、みじん切りにします。ばらばらになりやすいので、とろみをつけると飲み込みやすくなります。

**絹ごし豆腐**
ゆでて5mm角に切ります。赤ちゃんが舌でつぶす練習ができるようにしてあげましょう。

**米（おかゆ）**
主食はおかゆ（10％がゆ）にします。水けが多く、米粒が少し残った状態で、舌でつぶすことができるやわらかさです。

## 5　どのくらい食べたらいいの？

　1食につき、おかゆは子ども茶わんに半分くらいです。おかずは1食につき、魚や肉は10～15g、野菜は20～30gを目安にします。

　離乳食は主食とおかずを用意し、炭水化物、たんぱく質、ビタミン・ミネラルをバランスよく組み合わせたいものですが、この時期の栄養の中心は母乳やミルクです。離乳食は、あくまでも食べる練習と考えましょう。

## 6　離乳食タイムスケジュール

　日中1回と、夕方1回を離乳食タイム（離乳食のあとに、母乳かミルクを与える）に。離乳食タイムとは別に、母乳は赤ちゃんがほしがるままに、ミルクは一日3回程度与えます（一日のミルクの目安量700～950㎖）。

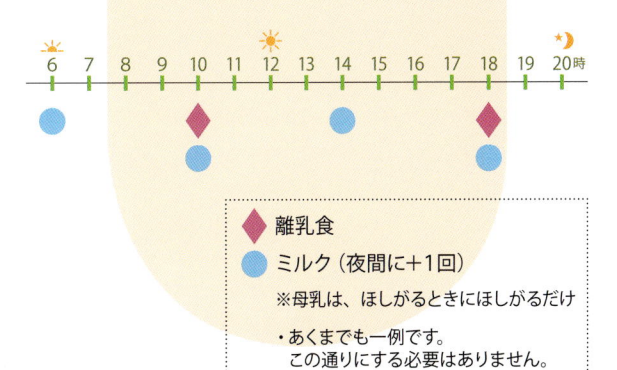

◆ 離乳食
● ミルク（夜間に＋1回）
※母乳は、ほしがるときにほしがるだけ

・あくまでも一例です。この通りにする必要はありません。

## 7、8か月ごろ
## menu 1　1食目

### にんじんのバター煮
### シラス干しのおかゆ

にんじんは甘味があり、彩りもきれいで離乳食には不可欠な野菜です。細かく切るよりも、少し大きめ（1cm厚さくらい）に切って火にかけるほうが短時間でやわらかくなります。

### シラス干しのおかゆ

**作り方** 1人分

1. シラス干し小さじ2（10g）はさっとゆでて湯をきり、すり鉢で軽くすりつぶす。
2. おかゆ50〜80gに**1**を加えて混ぜ合わせる。

### にんじんのバター煮

**材料** 1人分

| | |
|---|---|
| にんじん | 30g |
| バター | 小さじ½（2g） |
| 水 | ¼〜½カップ |

**作り方**

1. にんじんは1cm厚さの半月切りにする。
2. 小なべに全材料を入れて火にかけ、にんじんがやわらかくなるまで煮る。
3. にんじんをフォークの背でつぶす。

にんじんを
使って
応用

## にんじんと大根のとろとろ煮
にんじんと大根のそれぞれの甘味を一皿に。

**材料** 1人分
にんじん・大根 ………… 各15g
だし ………………… ¼〜½カップ
かたくり粉 ………… 小さじ½
水 ………………… 小さじ1

**作り方**
1 にんじんと大根はそれぞれ1cm厚さの半月切りにする。
2 小なべに1とだしを入れ、やわらかくなるまで煮て火を消す。
3 小なべに入れたままフォークの背で軽くつぶす。
4 再び火にかけ、水どきかたくり粉でとろみをつける。

## にんじんポタージュ
ミルクを使ってコクをプラスします。

**作り方** 1人分
1 にんじん50gは1cm厚さの半月切りにし、やわらかくなるまでゆでる。
2 湯をきり、裏ごし器で濾す。
3 小なべに入れ、ミルク（とかしたもの）¼カップを注ぎ入れて弱火にかけ、少し煮る。

7、8か月ごろ

## menu 1　2食目

### 絹ごし豆腐とほうれん草のあんかけ
### おかゆ（1人分50～80g）

絹ごし豆腐は、5、6か月ごろはすりつぶしましたが、
この時期は角切りにし、舌でつぶす練習をさせてあげましょう。
また衛生面を考慮して、豆腐はかならず加熱しましょう。

### 絹ごし豆腐とほうれん草のあんからめ

**材料** 1人分

- 絹ごし豆腐 ……………………… 30g
- ほうれん草の葉先 …………… 10g
- だし ……………………… ¼～½カップ
- ［ かたくり粉 ………… 小さじ½
- 　水 ……………………… 小さじ1 ］

**作り方**

1 豆腐は5mm角に切る。
2 ほうれん草はさっとゆでて水にとり、水けを絞ってみじん切りにする。
3 小なべに2とだしを入れてとろりとなるまで煮る。
4 豆腐を加えてさっと煮て、水どきかたくり粉でとろみをつける。

絹ごし豆腐を
使って
応用

## 絹ごし豆腐のすり流し
だしの風味が豆腐のほのかな甘味を引き立てます。

**材料** 1人分
絹ごし豆腐……………………30g
だし………………………¼カップ
　かたくり粉…………小さじ½
　水……………………小さじ1

**作り方**
1 豆腐はさっとゆでて湯をきり、すり鉢ですりつぶす。
2 小なべに豆腐とだしを入れて火にかけ、煮立ったら水どきかたくり粉でとろみをつける。

## けんちんうどん
豆腐と野菜で彩りよく。
食べにくい場合は水どきかたくり粉でとろみをつけて。

**材料** 1人分
ゆでうどん……………⅒玉(20g)
絹ごし豆腐……………………20g
にんじん・大根…………各5g
だし……………………¼〜¾カップ

**作り方**
1 うどんは刻む。にんじんと大根はそれぞれ1cm厚さの半月切りにする。
2 小なべに1とだしを入れて火にかけ、野菜がやわらかくなるまで煮る。火を消す。
3 にんじんと大根をとり出してみじん切りにし（またはフォークの背でつぶし）、小なべに戻し入れる。
4 豆腐を5mm角に切って加え、再び火にかけて少し煮る。

## 7、8か月ごろ
## menu 2  1食目

### ポテトがゆ
### 白身魚の野菜あんかけ

加熱すると、やわらかくつぶしやすくなるのがじゃが芋の利点。もさもさとして食べにくい場合は、水けを補うとなめらかになり、食べやすくなります。

### ポテトがゆ

**作り方** 1人分

1 じゃが芋10gはやわらかくなるまでゆで、湯をきってフォークの背でつぶす。
2 おかゆ50～80gにじゃが芋を加え混ぜる。

### 白身魚の野菜あん

**材料** 1人分

| | |
|---|---|
| 白身魚 | 10g |
| にんじん | 20g |
| だし | ¼～½カップ |
| かたくり粉 | 小さじ½ |
| 水 | 小さじ1 |

**作り方**

1 魚はゆでて火を通し、湯をきって刻む。にんじんは1cm厚さの半月切りにする。
2 小なべに1とだしを入れ、にんじんがやわらかくなるまで煮る。火を消す。
3 にんじんをとり出して3mm角に切り（またはフォークの背でつぶし）、小なべに戻し入れる。
4 再び火にかけ、水どきかたくり粉でとろみをつける。

じゃが芋を
使って
応用

### ポトフ
**食感が違う3つの野菜を組み合わせます。**

**材料** 1人分
じゃが芋・かぶ・にんじん
　………………………… 各10g
だし（または水）…¼〜½カップ

**作り方**
**1** じゃが芋とかぶは5mm角に切る。にんじんは1cm厚さの半月切りにする。
**2** 小なべに**1**とだしを入れて火にかけ、芋と野菜がやわらかくなるまで煮る。
**3** にんじんをとり出して5mm角に切り（またはフォークの背でつぶし）、戻し入れて混ぜ合わせる。

### じゃが芋のだし風味
**だしの風味をじゃが芋に煮含めます。**

**作り方** 1人分
**1** じゃが芋30gは5mm角に切る。
**2** 小なべに入れ、だし¼〜½カップを加えて芋がやわらかくなるまで煮る。

7、8か月ごろ

# menu 2　2食目

## かぶのそぼろ煮
## おかゆ（1人分50〜80g）

この時期になると肉類も少量ずつ食べられるようになります。まずは、低脂肪で、やわらかな鶏ささ身ひき肉を使います。さっと下ゆでして余分な脂を落としましょう。

### かぶのそぼろ煮

**材料** 1人分

- 鶏ささ身ひき肉 …………… 10g
- かぶ …………………………… 20g
- ほうれん草の葉先 …………… 5g
- だし …………………… ¼〜½カップ
- ［かたくり粉 ………… 小さじ½
- 　水 …………………… 小さじ1］

**作り方**

1. 鶏肉はさっとゆでて火を通し、湯をきってほぐす。
2. かぶは5mm角に切る。
3. ほうれん草はさっとゆでて水にとり、水けを絞ってみじん切りにする。
4. 小なべにかぶ、ほうれん草、だしを入れて火にかけ、かぶがやわらかくなるまで煮る。
5. 鶏肉を加え、水どきかたくり粉でとろみをつける。

鶏ささ身ひき肉を
使って
応用

## 鶏肉と野菜のスープ
調味なしで素材の味わいを引き出します。

**材料** 1人分
鶏ささ身ひき肉・キャベツ・玉ねぎ
　　　　　　　　　　　　……各10g
水………………………¼〜½カップ

**作り方**
1 鶏肉はさっとゆでて火を通し、湯をきってほぐす。
2 キャベツと玉ねぎはそれぞれみじん切りにする。
3 小なべに1、2と水を入れ、野菜がやわらかくなるまで煮る。

## 鶏雑炊
鶏肉と野菜で具だくさんに。

**材料** 1人分
ごはん…………………………20g
鶏ささ身ひき肉・白菜……各10g
にんじん………………………5g
だし……………………¼〜½カップ

**作り方**
1 鶏肉はゆでて火を通し、湯をきってほぐす。
2 白菜はみじん切りに、にんじんは1cm厚さの半月切りにする。
3 小なべに2とだしを入れ、野菜がやわらかくなるまで煮る。火を消す。
4 にんじんをとり出して刻み（またはフォークの背でつぶし）、戻し入れる。
5 ごはんを加えて再び火にかけ、鶏肉を加え混ぜる。

## 7、8か月ごろ menu 3 1食目

### ほうれん草の白あえ
### おかゆ（1人分50〜80g）

ビタミンや鉄を多く含むほうれん草は緑黄色野菜の代表格。特有のアクっぽさは、ゆでて水にさらすことで少なくなります。ほうれん草の茎はかたいので、5、6か月ごろと同様に除きます。

### ほうれん草の白あえ

**材料　1人分**
- ほうれん草の葉先・絹ごし豆腐 ……………………… 各20g
- だし ……………………… 適量

**作り方**
1. ほうれん草は充分にやわらかくなるまでゆで、水にとって水けを絞り、みじん切りにする。
2. 豆腐はゆでて湯をきり、すり鉢ですりつぶす。だしを少しずつ加え、ぽってりとなるまですり混ぜる。
3. ほうれん草を加えてあえる。

ほうれん草を
使って
応用

## ほうれん草の煮浸し
だしをしっかりきかせて。にんじんで彩りを添えます。

| 材料 1人分 | |
|---|---|
| ほうれん草の葉先 | 20g |
| にんじん | 5g |
| だし | ¼〜½カップ |

**作り方**
1 ほうれん草はさっとゆでて水にとり、水けを絞ってみじん切りにする。
2 にんじんは1cm厚さの半月切りにする。
3 小なべに1、2とだしを入れ、にんじんがやわらかくなるまで煮る。にんじんをとり出して刻み（またはフォークの背でつぶし）、戻し入れて混ぜ合わせる。

## ほうれん草のミルク煮
ほうれん草にミルクのまろやかな風味を添えた一品です。

| 材料 1人分 | |
|---|---|
| ほうれん草の葉先 | 20g |
| ミルク（とかしたもの） | ¼〜½カップ |
| かたくり粉 | 小さじ½ |
| 水 | 小さじ1 |

**作り方**
1 ほうれん草はさっとゆでて水にとり、水けを絞ってみじん切りにする。
2 小なべにミルクを入れて弱火にかけ、ほうれん草を加えて汁けが少なくなるまで煮つめる。
3 水どきかたくり粉でとろみをつける。

## 7、8か月ごろ menu 3 2食目

### 卵がゆ
### 白菜とトマトのスープ

卵は卵黄を使います。
卵黄は香味豊かで、たんぱく質や脂質、鉄を多く含みます。
卵白にはアレルギーの原因になりうる物質が含まれるので、この時期は避けましょう。

⇒卵黄と卵白の分け方…29ページ

### 白菜とトマトのスープ

**材料** 1人分
- 白菜 …………………… 20g
- トマト ………………… 1/8個
- だし …………………… 1/4〜1/2カップ

**作り方**
1 白菜はさっとゆでて湯をきり、みじん切りにする。
2 トマトは皮と種を除き、みじん切りにする。
3 小なべに1、2とだしを入れ、野菜がやわらかくなるまで煮る。

### 卵がゆ

**作り方** 1人分
ゆで卵の黄身1/2個は細かくほぐし、おかゆ50〜80gに加え混ぜる。

## とろとろ卵
ふわっとした口あたり。卵のコクがたっぷりです。

**材料** 1人分
- 卵黄 …………………… 1個
- だし ………… 大さじ2〜¼カップ
- ［かたくり粉 ………… 小さじ½
- 　水 ……………………… 小さじ1］

**作り方**
1 小なべにだしを入れて弱火にかけ、煮立ったら水どきかたくり粉でとろみをつける。
2 卵黄をときほぐして加え混ぜ、火が通るまで煮る。

**卵黄を使って応用**

## 卵とじ
ほうれん草を卵でまとめ、食べやすくします。

**材料** 1人分
- 卵黄 …………………… 1個
- ほうれん草の葉先 ………… 20g
- だし ………… 大さじ2〜¼カップ

**作り方**
1 ほうれん草はさっとゆでて水にとり、水けを絞ってみじん切りにする。
2 小なべにだしとほうれん草を入れてやわらかくなるまで煮る。
3 卵黄をときほぐして加え混ぜ、火が通るまで煮る。

7、8か月ごろ

## menu 4　1食目

### かぼちゃのあんかけ
### おかゆ（1人分50〜80g）

かぼちゃは甘味があり、赤ちゃんが好む野菜の一つです。
皮はかたいので除きます。
下ゆでしたかぼちゃを冷凍保存しておくと便利です。
また、市販の冷凍品を利用してもいいでしょう。

⇒わたと皮の除き方…26ページ

### かぼちゃのあんかけ

**材料** 1人分

| | |
|---|---|
| かぼちゃ | 30g |
| だし | ½カップ |
| 鶏ささ身ひき肉 | 10g |
| だし | ¼カップ |
| かたくり粉 | 小さじ½ |
| 水 | 小さじ1 |

**作り方**

**1** かぼちゃはわたと皮を除いて7㎜角に切る。

**2** 小なべにかぼちゃとだしを入れて火にかけ、かぼちゃがやわらかくなるまで煮る。汁けをきって皿に盛る。

**3** 鶏肉はゆでて火を通し、湯をきってほぐす。

**4** 小なべにだしと**3**を入れてさっと煮て、水どきかたくり粉でとろみをつけ、**2**のかぼちゃにかける。

かぼちゃを
使って
応用

## ほうとう風
みそ仕立ての汁にかぼちゃが煮とけたくらいが美味。

**材料** 1人分
- かぼちゃ ………………………… 10g
- ゆでうどん …………… ⅒玉（20g）
- だし …………………… ¼〜½カップ
- みそ ………………… 小さじ⅙（1g）

**作り方**
1 かぼちゃはわたと皮を除いて7mm角に切る。うどんは刻む。
2 小なべにだしと**1**を入れ、かぼちゃがやわらかくなるまで煮る。
3 みそをとき入れる。

## かぼちゃの ヨーグルトサラダ
かぼちゃの甘味に
ヨーグルトの酸味がよく合います。

**作り方** 1人分
1 わたと皮を除いたかぼちゃ30gは7mm角に切り、やわらかくなるまで煮る。湯をきる。
2 かぼちゃがさめたらプレーンヨーグルト小さじ2を加えてあえ混ぜる。

7、8か月ごろ
## menu 4  2食目

# 白身魚の水炊き風
# トマトがゆ

白身魚は、低脂肪のタイ、ヒラメ、カレイをおすすめします。
新鮮なものを使いましょう。
離乳食では少量を使うので、刺し身を使うと便利です。

### 白身魚の水炊き風

**材料** 1人分

| | |
|---|---|
| 白身魚 | 15g |
| 白菜（またはキャベツ） | 20g |
| にんじん | 10g |
| だし | ¼〜½カップ |

**作り方**

1 魚は骨と皮を除き、ゆでて火を通し、細かくほぐす。
2 白菜は刻み、にんじんは1cm厚さの半月切りにする。
3 小なべに**1**、**2**とだしを入れ、にんじんがやわらかくなるまで煮る。
4 にんじんをとり出してみじん切りにし（またはフォークの背でつぶし）、戻し入れる。

### トマトがゆ

**材料** 1人分

| | |
|---|---|
| おかゆ | 50〜80g |
| トマト | ⅛個 |
| だし | ¼カップ |

**作り方**

1 トマトは皮と種を除き、みじん切りにする。
2 小なべにトマトとだしを入れて火にかけ、汁けが少なくなるまで煮る。
3 おかゆを加え混ぜる。

白身魚を
使って
応用

## 白身魚のかぶら蒸し
**かぶの汁けで白身魚がやわらかく蒸し上がります。**

**材料** 1人分
| | |
|---|---|
| 白身魚・かぶ | 各15g |
| だし | 大さじ2 |
| かたくり粉 | 小さじ¼ |

**作り方**
1 魚は骨と皮を除いて刻み、皿に平らに盛る。
2 かぶはすりおろし、だしとかたくり粉を加え混ぜる。
3 2を1にかけ、蒸気が上がった蒸し器で5～7分蒸す。
・蒸し器のかわりに電子レンジ（500W）で1～2分加熱してもよい。

## 白身魚のみそ煮
**白身魚に玉ねぎの甘味を煮含めます。**

**材料** 1人分
| | |
|---|---|
| 白身魚 | 15g |
| 玉ねぎ | 20g |
| 水 | ¼～½カップ |
| みそ | 小さじ⅙（1g） |

**作り方**
1 魚は骨と皮を除く。玉ねぎは繊維に垂直に1cm幅に切る。
2 小なべに玉ねぎと水を入れ、玉ねぎがやわらかくなるまで煮る。魚を加えて火が通るまで煮て、火を消す。
3 魚と玉ねぎをとり出して刻み、小なべに戻し入れて再び火にかけ、みそをとき入れる。

**7、8か月ごろ**

## menu 5 1食目

### ブロッコリーと白身魚のとろみ煮
### おかゆ（1人分50〜80g）

5、6か月ではブロッコリーのつぼみを使いましたが、この時期は茎も使います。
茎も甘味があって美味です。
やわらかくなるまでしっかりゆで、
細かく刻みましょう。

### ブロッコリーと白身魚のとろみ煮

**材料** 1人分

| | |
|---|---|
| ブロッコリー | 1房分（15g） |
| 白身魚 | 15g |
| 水 | ¼〜½カップ |
| かたくり粉 | 小さじ½ |
| 水 | 小さじ1 |

**作り方**

**1** ブロッコリーはやわらかくなるまでゆでて湯をきり、刻む。魚は皮と骨を除く。

**2** 小なべに魚と水を入れ、火が通るまで煮る。火を消す。

**3** 魚をとり出して細かくほぐし（またはみじん切りにし）、小なべに戻し入れる。

**4** ブロッコリーを加えて再び火にかけ、水どきかたくり粉でとろみをつける。

ブロッコリーを
使って
応用

## ブロッコリーとトマトのスパゲティ
スープスパゲティに仕立てて食べやすくします。

**材料** 1人分

| | |
|---|---|
| スパゲティ | 乾5g |
| ブロッコリー | 1房分（15g） |
| トマト | ¼個 |
| 水 | ¼カップ |

**作り方**

**1** ブロッコリーはやわらかくなるまでゆでて湯をきり、刻む。
**2** トマトは皮と種を除き、刻む。
**3** スパゲティはやわらかくなるまでゆで、湯をきって5mm長さに刻む。
**4** 小なべに**2**、**3**と水を入れて煮立て、**1**を加え混ぜる。

## ブロッコリー入りポテトサラダ
ばらばらになりやすいブロッコリーをじゃが芋でまとめます。

**作り方** 1人分

**1** ブロッコリー1房分（15g）はやわらかくなるまでゆで、湯をきって刻む。
**2** じゃが芋30gは1cm角に切り、やわらかくなるまでゆでて湯をきり、フォークの背でつぶす。
**3** **1**、**2**を合わせて混ぜる。

**7、8か月ごろ**

## menu 5　2食目

### カテージチーズとほうれん草のリゾット風
### 角切りりんごのやわらか煮

チーズの中でも、
カテージチーズは低脂肪で塩けもなく、
離乳食に使いやすい素材です。
かたまりやすいので、
あつあつのところに加えて
手早く混ぜ合わせるのがポイントです。

### カテージチーズとほうれん草のリゾット風

**材料** 1人分
- おかゆ ……………… 50～80g
- カテージチーズ（裏ごしタイプ）
 ・ほうれん草の葉先 …… 各5g

**作り方**
1 ほうれん草はやわらかくなるまでゆでて水にとり、水けを絞ってみじん切りにする。
2 あつあつのおかゆに1とカテージチーズを加え、よく混ぜ合わせる。

### 角切りりんごのやわらか煮

**作り方** 1人分
1 皮と芯を除いたりんご20gは7mm角に切る。
2 小なべに1と水½カップを入れ、りんごがやわらかくなるまで煮る（水が少なくなったら途中で足す）。

## 野菜のチーズスープ
カテージチーズのコクを加えたスープです。

**材料** 1人分
- じゃが芋 …………………… 30g
- にんじん …………………… 10g
- カテージチーズ（裏ごしタイプ） …………………… 10g
- だし ………………… ¼〜½カップ

**作り方**
1. じゃが芋とにんじんはそれぞれ1cm厚さの半月切りにする。
2. 小なべに**1**とだしを入れ、じゃが芋とにんじんがやわらかくなるまで煮る。火を消す。
3. じゃが芋とにんじんをとり出して5mm角に切り、戻し入れる。チーズを加え混ぜ、再び火にかけてかき混ぜながらさっと煮る。

カテージチーズを使って応用

## チーズパンがゆ
チーズ風味の、甘くないパンがゆです。

**材料** 1人分
- 食パン（耳を除く）………… 10g
- だし ………………… ¼〜½カップ
- カテージチーズ（裏ごしタイプ） …………………… 10g

**作り方**
1. パンは細かくちぎる。
2. なべに**1**とだしを入れて火にかけ、とろとろになるまで煮る。
3. チーズを加えてかき混ぜながらさっと煮る。

**7、8か月ごろ**

## ママごはんから とり分け

**ママごはん menu1**

サケと野菜のホイル焼き
トマトとバジルのサラダ
モロヘイヤのかきたま汁
ごはん（1人分200g）

1食分 582kcal　塩分 2.7g

ホイル焼きはオーブントースターで手軽に作ります。
ママも赤ちゃんも鉄はしっかりとりたいので、汁物にモロヘイヤを使いました。
手に入らない場合はほうれん草で代用を。

### サケと野菜のホイル焼き

**材料** 大人1人分と乳児1人分

★赤文字は全体量のうちの乳児1人分の目安量

- 生ザケ …………… 100g　10g
- 塩 ………………… 少量　少量
- 玉ねぎ・もやし ……… 各20g
- えのきたけ ……………… 10g
- おろし大根（水けをきる） ……………… 20g
- しょうゆ ……………… 少量

大人1人分 139kcal　塩分 1.4g

**作り方**

1 サケは塩をふる。
2 玉ねぎは繊維に沿って薄切りにする。もやしはひげ根を除き、えのきたけは石づきを除いてほぐす。
3 アルミ箔（はく）を20cm長さに切り、真ん中にサケを置いて野菜ときのこをのせ、包む。
4 オーブントースターでサケに火が通るまで焼く。
5 サケの一部をとり分け（乳児用）、あいたところにおろし大根を添えてしょうゆをかける。

## トマトとバジルのサラダ

**作り方** 1人分

1 トマト100gは2㎝角に切る。
2 バジルの葉2～3枚はちぎる。
3 1、2を合わせ、酢小さじ½、塩少量、オリーブ油小さじ1強を加えて混ぜ合わせる。

1人分66kcal　塩分0.3g

## モロヘイヤのかきたま汁

**材料** 大人1人分と乳児1人分
★赤文字は全体量のうちの乳児1人分の目安量

| | | |
|---|---|---|
| モロヘイヤの葉 | 40g | 10g |
| 卵（ときほぐす） | 25g | 10g |
| だし | 1¼カップ | 大さじ2 |
| しょうゆ | | 小さじ½ |
| 塩 | | 少量 |

大人1人分 41kcal　塩分 1.0g

**作り方**

1 モロヘイヤは包丁で刻む。
2 なべに1、しょうゆ少量（分量外）、だしを入れ、とろみが出るまで煮る。
3 卵を加え混ぜ、乳児用をとり分ける。
4 大人用にしょうゆと塩を加えて味をととのえる。

---

**とり分け離乳食**

## サケがゆ

おかゆにサケのうま味を加えます。

**作り方**

「サケと野菜のホイル焼き」の5でとり分けたサケはほぐし、おかゆ50～80gに加え混ぜる。

## モロヘイヤのかきたま汁

卵とモロヘイヤで鉄がとれる汁物です。

**作り方**

3でとり分けたかきたま汁を乳児用の汁わんに盛る。

7、8か月ごろ

## ママごはんから とり分け

**ママごはん menu 2**

キャベツとアスパラのスープスパゲティ
かぼちゃサラダ
りんごの甘煮

1食分 805kcal　塩分 2.6g

スパゲティはママたちに人気のメニューです。
たっぷりの野菜といっしょに食べましょう。
かぼちゃは食物繊維やカロテンが多い優秀な緑黄色野菜。
干しぶどうの風味を添えたサラダにします。

### キャベツとアスパラのスープスパゲティ

**材料** 大人1人分と乳児1人分
★赤文字は全体量のうちの乳児1人分の目安量

| | | |
|---|---|---|
| スパゲティ | 110g | 10g |
| キャベツ | 100g | 20g |
| グリーンアスパラガス・にんじん | 各20g | 各5g |
| ツナ（油漬け缶詰め） | 50g | |
| 固形ブイヨン | ¼個 | |
| 塩 | 少量 | |

大人1人分 542kcal　塩分 2.4g

**作り方**

1 キャベツは3㎝角に切る。アスパラは根元のかたい皮を除いて斜めに薄く切る。にんじんは3㎝長さのせん切りにする。

2 なべに水1½カップと野菜を入れ、野菜がやわらかくなるまで煮る。乳児用をとり分ける。

3 スパゲティはかためにゆでて湯をきる。乳児用をとり分ける。

4 大人用のスパゲティは2のなべに入れ、ツナとブイヨンを加え混ぜてさっと煮て、塩で味をととのえる。

## キャベツとアスパラのスープスパゲティ

赤ちゃん用は刻んでさらに加熱し、やわらかく食べやすく。

**作り方**
1. **2**と**3**でとり分けたスパゲティ、キャベツ、アスパラ、にんじんはそれぞれ刻み、小なべに入れる。
2. 水をひたひたに加えてやわらかくなるまでさらに煮る。

## とり分け離乳食

## かぼちゃサラダ

**材料** 大人1人分と乳児1人分
★赤文字は全体量のうちの乳児1人分の目安量

| | | |
|---|---|---|
| かぼちゃ | 100g | 20g |
| 干しぶどう | | 5g |
| マヨネーズ | | 小さじ2 |
| レタス | | 10g |

大人1人分 143kcal　塩分 0.2g

**作り方**
1. かぼちゃはわたと皮を除き、やわらかくなるまでゆでて湯をきり、フォークの背でつぶす。乳児用をとり分ける。
2. 大人用には干しぶどうとマヨネーズを加え混ぜ、レタスを敷いた皿に盛る。

## かぼちゃサラダ

赤ちゃん用は味つけなしで。

**作り方**
1. **1**でとり分けたかぼちゃは皿に盛る（ほくほくして食べにくい場合は野菜だし少量でのばす）。

## りんごの甘煮

**材料** 大人1人分と乳児1人分
★赤文字は全体量のうちの乳児1人分の目安量

| | | |
|---|---|---|
| りんご（皮と芯を除く） | 100g | 20g |
| 砂糖 | 大さじ2強（20g） | |

大人1人分 120kcal　塩分 0g

**作り方**
1. りんごはいちょう切りにする。
2. 小なべに**1**と水1カップを入れてやわらなくなるまで煮る。乳児用をとり分ける。
3. 大人用に砂糖を加えてさらに煮る。
4. 煮汁ごと器に盛る。

## 煮りんご

やわらかく煮たりんごはさっとつぶすだけでOK。

**作り方**
「りんごの甘煮」の**2**でとり分けたりんごはフォークの背でつぶす。

## 野菜ジュースは野菜のかわりになるの?

　赤ちゃんがなかなか野菜を食べてくれないからといって、かわりに市販の野菜ジュースを与えるケースが見られます。
　野菜ジュースは野菜のかわりにはなりません。ビタミンやミネラル、食物繊維などといった必要な栄養が不足するばかりか、野菜ジュースで満腹になると離乳食を食べなくなったり、必要な量の母乳やミルクを飲まなくなったりします。
　さらに、野菜ジュースの中にはくだものなどで甘味を加えてあるものが多いので、離乳期には野菜ジュースを与えないようにしましょう。

赤ちゃんの食卓まわりの etcetera エトセトラ

## 赤ちゃんに食べ物の好き嫌いはあるの?

　赤ちゃんは、気分で食べたり食べなかったりします。たとえ離乳食を食べなくても、「うちの子はこの素材が嫌いなのだ」と断定しないでください。今日は食べなくても明日は食べるかもしれませんし、今は食べられなくても1週間後に食べられるようになるかもしれません。
　また、遊び食べなどをして食事に時間がかかることもよくあることです。赤ちゃんが自分から食事をとるのを待てずに、大人がせかしてばかりいると、自分で食べる習慣がつきません。赤ちゃんの食べるペースに合わせ、ゆったりとした気持ちで見守ってください。

## 歯みがきはいつから始める?

　8～9か月ごろになると下の前歯が生え始めます。前歯が生えてきたら、歯のケアを始めましょう。
　赤ちゃんをあお向けに寝かせ、大人のひざの上に頭をのせます。話しかけたり、顔や口のまわりを優しく触ったりしてリラックスした気分にさせてから、ガーゼや綿棒で歯をぬぐってあげましょう。
　1～2か月間はこの方法を続け、充分に慣れたら乳児用の歯ブラシを使います。最初は歯ブラシの感触に慣れさせて、嫌がらないようであれば、歯みがきを始めます。歯みがきは、前歯が4本生えそろったころに開始できればいいでしょう。
　歯みがきの方法は、歯を見ながら1本ずつ、軽い力で横に歯ブラシを細かく動かします。歯1本につき5秒くらいで充分。歯みがき粉は使いません。
　歯みがき後は、「じょうずにできたね」とかならずほめてあげましょう。

食べるのが好きになる離乳食
# 9か月から
# 11か月ごろ

**一日3食の離乳食作りに慣れましょう**

一部の素材を除いて、赤ちゃんは大人とほぼ同じものが食べられるようになります。
朝食・昼食・夕食の一日3食になり、大人の食事スタイルといっしょです。
ただ、赤ちゃんには、食べやすくするくふうは必要です。
大人の食事作りと同時に離乳食も作り、一日3食のリズムに慣れるようにしましょう。

# 9か月から11か月ごろ…赤ちゃんの成長と食生活

## 1 赤ちゃんの成長

9か月ごろになると、はいはいをしたり、つかまり立ちができるようになります。指で小さいものをつまんだり、お茶わんを両手で持って口に運んだりもします。10か月ごろになると、おなかがすくと「マンマ」といって食事を催促することもあります。

赤ちゃんが成長する一方で、食卓や床に落ちていた小さな食べ物をつまんで口にし、気管に入ってしまう事故（誤嚥（ごえん））を起こすことがあります。豆まきのあとなどは特に注意しましょう。また、ミニトマトやぶどう、一口サイズのゼリーなどの誤嚥もあります。

9〜11か月ごろは、朝・昼・夕の食事のリズムがしっかりしてきて、家族いっしょに楽しく食べる経験がたいせつな時期です。みんなと食卓を囲む中で、食習慣やマナーを見て学ぶ時期でもあります。

## 2 食べ方、食事の与え方

舌を上あごに押しつけてもつぶせないものを、歯茎でつぶすことを覚える時期です。下の前歯は、多くの赤ちゃんは8〜9か月から生え始めます。一方、上の前歯が生え始めるのは10〜11か月ころです。前歯が生えるに従って、食べ物を前歯でかじりとり、一口の量を学習していきます。

舌は左右にも動くようになり、口の中で食べ物を集めて上下の歯茎ですりつぶすようになります。

## 3 この時期から食べられる素材

魚は特別なもの（ウナギのかば焼きなど脂肪が多いもの、練り製品など）以外の多くが食べられます。肉は牛や豚の赤身肉（ももやヒレなど）が食べられるようになります。チーズもさまざまな種類が食べられますし、卵はかたゆでにしたもの½個程度を与えることができます。

また、植物油やトマトケチャップなどが、それぞれ少量使えるようにもなります。

胎児期に母体から蓄えた鉄はこのころになくなるので、レバーや赤身肉、青菜、ひじきなど、鉄を多く含む素材を離乳食にとり入れましょう。

● **この時期から食べられるおもな素材**
**炭水化物**：おかゆまたはやわらかいごはん
**たんぱく質**：アジやサンマなどの青魚、牛や豚の赤身肉（もも、ヒレなど）、チーズ（プロセスチーズ、カマンベールチーズなど）
**ビタミン・ミネラル**：ほぼすべての野菜（にら、ごぼう、みょうが、山菜など、香りやアクが強いもの、繊維がかたいものを除く）
**調味料など**：トマトケチャップや植物油をそれぞれ少量

離乳食はくぼみの深いスプーンに置き、下くちびるにのせて上くちびるが閉じるのを待ちます。また、前歯でかじりとるような離乳食も用意しましょう。

食後はごちそうさまをして、赤ちゃんをいすからおろしてあげましょう。食後に大人が目を離したすきに立ち上がり、赤ちゃん用の高いいすから転落したという事故も報告されているからです。

## 4　離乳食の形態、大きさ、かたさ

歯茎でつぶせるくらいのかたさにします。かたさの目安はバナナくらいです。また、ある程度の大きさがあるほうが食べやすくなります。

料理は煮ることが基本で、いため煮などのバリエーションを加えます。赤ちゃんが自分で食べたいという欲求が出てくるので、棒状に切ったパンや野菜など、噛み切れる素材を持たせるといいでしょう。

**にんじん**
やわらかくゆでてみじん切りにします。歯茎で噛んだときに、少し噛みごたえがあるようにします。

**ほうれん草**
やわらかな葉先だけではなく、茎も使います。やわらかくゆでてみじん切りに。にんじん同様に、少し噛みごたえがあるようにします。

**絹ごし豆腐**
そのままでも歯茎でつぶせるので、ざっくりとくずす程度でOKです。

**米（おかゆ）**
7、8か月ごろに引き続き、おかゆ（10%がゆ）にします。おかゆをよく食べる赤ちゃんは、かためのおかゆにしても。

## 5　どのくらい食べたらいいの？

1食につき、おかゆは子ども茶わんに軽く1杯です。おかずは1食につき、魚や肉は15g、野菜は30〜40g程度を目安にします。

この時期には一日の必要栄養量の半分を離乳食でとるようになりますが、母乳やミルクを制限する必要はありません。また、母乳やミルクを無理にやめて牛乳に切りかえる必要もありません。

## 6　離乳食タイムスケジュール

午前中、午後、夕方の3回を離乳食タイム（離乳食のあとに、母乳かミルクを与える）に。離乳食タイムとは別に、母乳は赤ちゃんがほしがるままに、ミルクは一日2回程度与えます（一日のミルクの目安量600〜800㎖）。

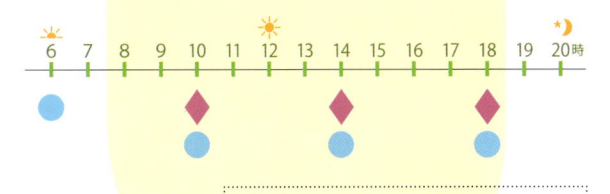

◆ 離乳食
● ミルク（夜間に＋1回）
※母乳は、ほしがるときにほしがるだけ

・あくまでも一例です。
　この通りにする必要はありません。

**9か月から11か月ごろ**

## menu 1 朝食

### 大人のごはん

クリームチーズとジャムのベーグルサンド
キャベツのスープ
メロン（1人分100g）

1食分 524kcal　塩分 3.3g

噛みごたえのあるベーグルに
クリームチーズと好みのジャムを塗って。
大人のスープにはウインナソーセージを味だしに使います。

### クリームチーズとジャムのベーグルサンド

**作り方** 1人分

1 ベーグル1個（100g）は横に半分に切り、切り口にクリームチーズ30gとブルーベリージャム20gを塗る。

2 ベーグルを重ね合わせ、半分に切って皿に盛る。

1人分 380kcal　塩分 1.3g

### キャベツのスープ

**材料** 大人1人分と乳児1人分
★赤文字は全体量のうちの乳児1人分の目安量

| | | |
|---|---:|---:|
| キャベツ | 130g | 30g |
| 玉ねぎ | 30g | 10g |
| ウインナソーセージ | | 20g |
| 固形ブイヨン | | ½個 |
| ロリエの葉 | | 1枚 |
| 塩・こしょう | | 各少量 |

大人1人分 102kcal　塩分 2.0g

**作り方**

1 キャベツは一口大に切り、玉ねぎは薄く切る。

2 ウインナソーセージは5mm厚さの輪切りにする。

3 なべに1と水2カップを入れて火にかけ、野菜がやわらかくなるまで煮る。乳児用の野菜と煮汁¼カップをとり分ける。

4 大人用はブイヨン、ロリエ、2を加えてさっと煮て、塩とこしょうで味をととのえる。

### 離乳食

クリームチーズサンド
キャベツのスープ

食パンは握りやすいように棒状に切ります。
スープは調味なしで。野菜のほのかな甘味がいっぱいです。

**クリームチーズ
サンド**

作り方　1人分

耳を除いた食パン25gは2等分し、クリームチーズ10gを塗って2枚を重ね合わせ、棒状に切る。

**キャベツのスープ**

作り方

3でとり分けたキャベツと玉ねぎはそれぞれ刻み、煮汁とともに器に入れる。

9か月から
11か月ごろ

## menu 1 昼食

### 大人のごはん

オムライス
りんごときゅうりのヨーグルトサラダ

1食分 679kcal　塩分 2.3g

大人も赤ちゃんも大好きなオムライス。
卵で包みにくいときは薄焼き卵をかぶせてもOKです。
サラダにはヨーグルトの酸味をきかせてさっぱりと。

## オムライス

**材料** 大人1人分と乳児1人分
★赤文字は全体量のうちの乳児1人分の目安量

| | | |
|---|---|---|
| a | 玉ねぎ・にんじん ……… 各50g | 各20g |
| | 油 ……… 小さじ½ | 少量 |
| 卵 ……… 1½個(75g) | | ½個(25g) |
| 油 ……… 小さじ1½ | | |
| 鶏ひき肉 ……… 30g | | |
| ごはん ……… 200g | | |
| トマトケチャップ ……… 小さじ2½ | | |
| 塩・こしょう ……… 各少量 | | |
| トマトケチャップ(飾り用) ……… 適量 | | |

大人1人分 577kcal　塩分 1.9g

**作り方**

1 玉ねぎとにんじんはそれぞれみじん切りにする。

2 卵はときほぐし、乳児用をとり分ける。

3 フライパンにaの油を熱して1をしんなりとなるまでいためる。乳児用をとり分ける。

4 大人用は油の⅔量を足し、鶏肉とごはんを加え混ぜていため、ケチャップ、塩、こしょうを加えていため合わせる。皿にとる。

5 フライパンのよごれをふきとり、残りの油を熱して大人用の卵を流し入れ、4を置いて包む。

6 皿にとり、木の葉形にととのえ、ケチャップをかける。

## りんごときゅうりの
## ヨーグルトサラダ

**材料** 1人分

| | |
|---|---|
| りんご（皮と芯を除く）・きゅうり | 各50g |
| セロリ | 20g |
| ジャンボピーマン（黄） | 10g |
| プレーンヨーグルト | 100g |
| 塩 | 少量 |

1人分 102kcal　塩分 0.4g

**作り方**

**1** りんごと野菜はそれぞれ1cm角に切り、ボールに入れる。
**2** ヨーグルトを加えて混ぜ合わせ、塩で調味する。

---

**離乳食**

## おかゆのオムライス
## 洋なしのシロップ煮

オムライスはおかゆで作り、ふわっとやわらかな口あたりに仕上げます。シロップ煮は季節のくだものを使って。

### おかゆの
### オムライス

**作り方**

❶「オムライス」の**3**でとり分けた玉ねぎとにんじんをおかゆ90gに加え混ぜ、トマトケチャップ小さじ½で調味する。
❷ フライパンに油少量（分量外）を塗り、**2**でとり分けた卵を流し入れて焼き、❶を包む。

### 洋なしの
### シロップ煮

**作り方** 1人分

❶ 皮と芯を除いた洋なし50gは一口大に切る。
❷ 小なべに洋なし、砂糖小さじ⅓、水½カップを入れ、洋なしがやわらかくなるまで煮る。

**9か月から11か月ごろ**

# menu 1 夕食

### 大人のごはん

マグロの青じそ包み焼き
大根と里芋の煮つけ
かぶと切りこんぶの酢の物
ごはん（1人分200g）

1食分 580kcal　塩分 4.0g

## マグロの青じそ包み焼き

**材料** 大人1人分と乳児1人分
★赤文字は全体量のうちの乳児1人分の目安量

| | | |
|---|---|---|
| マグロ（さくどり） | …… 105g | **15g** |
| しょうゆ・酒 | …… 各小さじ2 | **各少量** |
| 青じそ | …… | 3枚 |
| おろし大根（汁けをきる） | …… | 50g |

大人1人分 128kcal　塩分 1.1g

**作り方**

1 マグロは30gの棒状3つと15gの棒状1つとに切り分ける。しょうゆと酒を混ぜ合わせてからめ、下味をつける。

2 グリルを熱して**1**を焼く。八分通り火が通ったら大人用に青じそを巻き、火が通るまでさらに焼く。乳児用をとり分ける。

3 大人用は皿に盛り、おろし大根を添える。

マグロを使った主菜は青じその香りが箸を進めます。
煮つけの大根と里芋は下ゆですると火の通りが均一になり、味のしみ込みもよくなります。

## 大根と里芋の煮つけ

**材料** 大人1人分と乳児1人分
★赤文字は全体量のうちの乳児1人分の目安量

| | | |
|---|---|---|
| 大根・里芋 | 各70g | 各20g |
| 豚薄切りもも肉 | | 20g |
| だし | 1カップ | 少量 |
| しょうゆ | 小さじ1強 | 少量 |
| 砂糖 | 小さじ½ | |

大人1人分 88kcal　塩分 1.0g

**作り方**

1 大根と里芋はそれぞれ一口大に切る。なべに入れ、かぶるくらいの水を入れて火にかけ、煮立ったらざるにあげて湯をきり、流水で洗う。
2 豚肉は一口大に切る。
3 なべにだしと豚肉を入れて煮立て、大根と里芋を入れてやわらかくなるまで煮る。
4 しょうゆの½量を加え混ぜて煮て、乳児用の大根と里芋をとり分ける。
5 大人用には砂糖と残りのしょうゆを加え混ぜて煮含める。

## かぶと切りこんぶの酢の物

**作り方** 1人分

1 皮を除いたかぶ80gは薄いいちょう切りにする。塩少量をふり、しんなりとなるまでおく。
2 切りこんぶ（乾）5gは水に浸してもどし、水けをきる。
3 1は汁けを絞って水洗いし、水けをきる。2を合わせ、酢小さじ2、砂糖小さじ⅓、塩小さじ⅕を合わせてあえる。

1人分 28kcal　塩分 1.9g

---

**離乳食**

### マグロのそぼろ丼
### 大根と里芋の煮つけ

マグロはおかゆに合わせるとおいしく、食べやすくなります。大根と里芋もやわらかく、食べやすい一品です。

### マグロのそぼろ丼

**作り方**

「マグロの青じそ包み焼き」の2でとり分けたマグロはみじん切りにする。めしわんにおかゆ90gを盛り、マグロをのせる。

### 大根と里芋の煮つけ

**作り方**

4でとり分けた大根と里芋はそれぞれ刻み、合わせて盛る。

9か月から11か月ごろ

## menu 2 朝食

### アジの干物

**作り方** 1人分

1 アジの干物1枚（80g）はグリルでこんがりと焼く。
2 皿に盛り、おろし大根50gを添える。

1人分 143kcal　塩分 1.4g

### 大人のごはん

アジの干物
青梗菜の煮浸し
ごはん（1人分200g）
プレーンヨーグルト（1人分100g）

1食分 614kcal　塩分 2.2g

あわただしい朝は短時間で調理できる魚の干物が便利。
保存がきくので、買いおきしたい素材です。
青梗菜はアクが少ないので、下ゆでなしで調理できます。

### 青梗菜の煮浸し

**材料** 大人1人分と乳児1人分
★赤文字は全体量のうちの乳児1人分の目安量

| | | |
|---|---|---|
| 青梗菜 | 100g | 30g |
| 油揚げ | | 15g |
| だし | ½カップ | 少量 |
| a しょうゆ | 小さじ1 | 少量 |
| 　砂糖 | 小さじ⅔ | 少量 |

大人1人分 73kcal　塩分 0.7g

**作り方**

1 青梗菜は一口大に切る。油揚げは細く切る。
2 小なべにだしを煮立ててaの½量を入れ、青梗菜を加えてさっと煮る。乳児用に青梗菜の葉先と煮汁少量をとり分ける。
3 大人用には残りのaと油揚げを加えてさっと煮る。

> 離乳食

青梗菜の煮浸し
おかゆ（1人分90g）
バナナのヨーグルトあえ

青梗菜はやわらかい葉先を赤ちゃん用に使います。
デザートのヨーグルトあえで食物繊維とカルシウムを補給して。

## 青梗菜の煮浸し

作り方

2でとり分けた青梗菜の葉先は刻み、器に盛って煮汁をかける。

## バナナのヨーグルトあえ

作り方　1人分

バナナ30gは薄く切り、プレーンヨーグルト大さじ1であえる。

9か月から11か月ごろ

## menu 2 昼食

### 大人のごはん

卵とトマトのトーストサンド
ミネストローネ

1食分 591kcal　塩分 4.1g

かりっと焼いたパンに具をはさんで。
主食、主菜、副菜を兼ねたサンドです。
ミネストローネは野菜たっぷりの"食べる汁物"です。

### 卵とトマトのトーストサンド

**材料** 1人分

| | |
|---|---|
| 山形パン | 2枚（90g） |
| バター | 小さじ2（8g） |
| 卵（ときほぐす） | 1個（50g） |
| トマト | 20g |
| レタス・ベーコン | 各10g |

1人分 418kcal　塩分 1.7g

**作り方**

1 トマトは輪切りにする。レタスは食べやすくちぎる。
2 フライパンにベーコンを入れて脂が出るまで焼き、とり出す。
3 2のフライパンに卵を入れ、かき混ぜながらいためる。
4 パンにバターを塗り、1、2、3を重ねてはさむ。
・好みでマヨネーズやトマトケチャップをかけて食べる。

## ミネストローネ

**材料** 大人1人分と乳児1人分

★赤文字は全体量のうちの乳児1人分の目安量

| | | |
|---|---|---|
| にんじん・セロリ・ズッキーニ | 各25g | 各5g |
| じゃが芋 | 40g | 10g |
| さやいんげん | 25g | 5g |
| 玉ねぎ | 15g | 5g |
| 鶏ひき肉 | 65g | 15g |
| バター | 小さじ1（4g） | 少量 |
| トマト水煮缶詰め | 100g | 20g |
| 固形ブイヨン | | ½個 |
| 塩・こしょう | | 各少量 |

大人1人分 173kcal　塩分 2.4g

**作り方**

1 にんじん、セロリ、ズッキーニ、じゃが芋はそれぞれ1cm角に切る。
2 玉ねぎはみじん切りにする。
3 さやいんげんはゆでて水にとり、水けをきって1cm長さに切る。
4 なべにバターをとかして玉ねぎと鶏肉をいため、1、3を加えていため合わせ、水2カップを注ぎ入れて煮立てる。
5 アクを除き、トマトをつぶしながら加え、野菜と芋がやわらかくなるまでさらに煮る。乳児用に¼〜⅕量をとり分ける。
6 大人用にはブイヨンを加え混ぜ、塩とこしょうで調味する。

### 離乳食

## スティックパン
## ミネストローネ

**パンは手づかみ食べができるように棒状に切り、かりっとトーストします。
ミネストローネはさまざまな野菜の香味がたっぷりです。**

### スティックパン
**作り方** 1人分
山形パン25gは棒状に4つに切り、オーブントースターで焼き色がつくまで焼く。

### ミネストローネ
**作り方**
5でとり分けた乳児用は刻み、充分にやわらかくなるまでさらに煮る。

## menu 2 夕食

9か月から11か月ごろ

### 大人のごはん

牛肉の薬味のせ
ナムル
かぼちゃの含め煮
ごはん（1人分200g）

1食分 845kcal　塩分 3.2g

焼いた牛肉に香味豊かな野菜をのせ、
ポン酢しょうゆでさっぱりと食べます。
ナムルは3種類にしてもOK。
かぼちゃで献立に甘味を添えます。

### 牛肉の薬味のせ

**材料** 大人1人分と乳児1人分

★赤文字は全体量のうちの乳児1人分の目安量

| | | |
|---|---|---|
| 牛もも薄切り肉 | 105g | 15g |
| 塩 | 少量 | 少量 |
| 油 | 小さじ1¼ | |
| おろし大根（汁をきる） | 50g | |
| みょうが | 15g | |
| 小ねぎ | 10g | |
| ポン酢しょうゆ（市販品） | 小さじ2〜3 | |

大人1人分 254kcal　塩分 1.6g

**作り方**

1 牛肉に塩をふる。
2 みょうがはせん切りにする。ねぎは小口切りにする。
3 フライパンに油を熱して牛肉を両面を焼き、中まで火を通す。乳児用をとり分け、大人用は皿に盛る。
4 大人用におろし大根をのせ、みょうがとねぎを散らしてポン酢しょうゆをまわしかける。

## ナムル

**材料** 大人1人分と乳児1人分
★赤文字は全体量のうちの乳児1人分の目安量

| | | |
|---|---|---|
| ほうれん草・もやし | …各40g | 各10g |
| にんじん | …20g | 10g |
| ぜんまい（ゆで・市販品） | …30g | |

```
 ┌ 大根 ………………… 30g
 └ 塩 ………………… 少量
```

```
   ┌ ごま油 ……… 小さじ2½
 a │ しょうゆ ……… 小さじ1弱
   │ すり白ごま ……… 3g
   └ コチュジャン ……… 5g
```

```
   ┌ 酢 ………………… 小さじ2
 b │ 砂糖 ……………… 小さじ½
   └ すり白ごま ……… 少量
```

大人1人分 160kcal　塩分 1.3g

### 作り方

1 ほうれん草はゆでて水にとり、水けを絞って5cm長さに切る。
2 もやしはゆでて湯をきる。にんじんはせん切りにし、やわらかくなるまでゆでて湯をきる。
3 大根はせん切りにして塩をふり、しんなりとなるまでおく。水で洗い、水けを絞る。
4 ほうれん草、もやし、にんじんを乳児用にとり分ける。
5 aを合わせて三等分にし、大人用のほうれん草、もやし、ぜんまいをそれぞれあえる。
6 bを合わせて二等分にし、にんじんと大根をそれぞれあえる。
7 皿に彩りよく盛り合わせる。

## かぼちゃの含め煮

**材料** 大人1人分と乳児1人分
★赤文字は全体量のうちの乳児1人分の目安量

| | | |
|---|---|---|
| かぼちゃ | …100g | 20g |
| 砂糖 | …小さじ2 | 小さじ⅕ |
| しょうゆ | …少量 | 少量 |

大人1人分 95kcal　塩分 0.3g

### 作り方

1 かぼちゃはわたを除いて一口大に切る。
2 なべにかぼちゃを入れ、水をひたひたに注ぎ入れ、かぼちゃがやわらかくなるまで煮る。
3 砂糖½量としょうゆ½量を加えて汁けが少なくなるまで煮る。乳児用をとり分ける。
4 大人用は残りの砂糖としょうゆを加えて少し煮る。

---

**離乳食**

# おかゆのビビンバ丼
# かぼちゃの含め煮

ビビンバ丼は彩りもよく食欲をそそります。
かぼちゃは皮を除き、
赤ちゃんの口の中でつぶしやすくします。

## おかゆのビビンバ丼

### 作り方

❶「牛肉の薬味のせ」3からとり分けた牛肉、「ナムル」4からとり分けたほうれん草、もやし、にんじんはそれぞれ刻む。
❷めしわんにおかゆ90gを盛って❶を彩りよくのせる。

## かぼちゃの含め煮

### 作り方

3でとり分けたかぼちゃは皮を除き、器に盛る。

**9か月から11か月ごろ**

## menu 3 朝食

### 大人のごはん

パンケーキ
ココットエッグ
オレンジ（1人分150g）
カフェオレ

1食分 598kcal　塩分 0.9g

### パンケーキ

**材料** 大人1人分と乳児1人分
★赤文字は全体量のうちの乳児1人分の目安量

| | 大人 | 乳児 |
|---|---|---|
| 薄力小麦粉 | 60g | 10g |
| ベーキングパウダー | 小さじ¼ | 少量 |
| 卵 | 30g | 5g |
| 牛乳 | 60g | 10g |
| 砂糖 | 小さじ2 | 小さじ⅓ |
| 油 | 小さじ1½ | 小さじ¼ |
| メープルシロップ | 適量 | |

大人1人分 375kcal　塩分 0.3g

**作り方**

1 小麦粉とベーキングパウダーは合わせてふるう。
2 ボールに卵をときほぐし、牛乳と砂糖を加え混ぜ、1を加えてさっくりと混ぜ合わせる。⅙量を乳児用にとり分ける。
3 フライパンに油を熱し、大人用、乳児用それぞれ2枚ずつ色よく焼く。
4 大人用は皿に盛り、メープルシロップを添える。

パンケーキは手作りすると生地の甘味が調整できます。
大人用は焼き上がりにメープルシロップをかけて甘さを加えます。
ココットエッグの卵は半熟くらいの焼き加減が美味です。

## ココットエッグ

**材料** 大人1人分と乳児1人分
★赤文字は全体量のうちの乳児1人分の目安量

| | | |
|---|---|---|
| 玉ねぎ・キャベツ | 各30g | 各10g |
| ジャンボピーマン（赤） | 15g | 5g |
| 卵 | 1個（50g） | |
| 塩 | 少量 | |

大人1人分 91kcal　塩分 0.5g

**作り方**

1 玉ねぎとピーマンはそれぞれ7mm角に切る。キャベツはせん切りにする。
2 1をさっとゆでて湯をきり、それぞれ1/3量ずつを乳児用にとり分ける。
3 大人用の野菜はココット型に入れ、卵を割り入れてオーブントースターで好みのかたさに焼き、塩をふる。

## カフェオレ

**作り方** 1人分
コーヒーの抽出液1/2カップと牛乳1/2カップを混ぜ合わせる。

1人分 73kcal　塩分 0.1g

### 離乳食

## パンケーキ
## 野菜のスクランブルエッグ

ほのかな甘味の手作りパンケーキ。
おやつにもおすすめします。
卵はバターを使って香味豊かにいため上げます。

### パンケーキ

**作り方**
乳児用のパンケーキを皿に盛る。

### 野菜のスクランブルエッグ

**作り方**

1 「ココットエッグ」の2でとり分けた野菜にときほぐした卵30gを混ぜ合わせる。
2 フライパンにバター小さじ1（4g）をとかし、1を入れてかき混ぜながらいためる。

## 9か月から11か月ごろ

# menu 3 昼食

### 大人のごはん

## 煮干しの冷汁
## ごはん（1人分200g）
## さつま芋とりんごの甘煮

1食分 626kcal　塩分 2.1g

冷汁は煮干しの滋味豊かな一品。
温めても美味で、食欲がないときにもおすすめします。
さつま芋とりんごの甘煮をデザートがわりに。

## 煮干しの冷汁

**材料** 大人1人分と乳児1人分

★赤文字は全体量のうちの乳児1人分の目安量

| | 大人 | 乳児 |
|---|---|---|
| 煮干し※ | 3本（3g） | 0.5g |
| いり白ごま | 小さじ1 | 少量 |
| みそ | 大さじ1弱 | 大さじ1/3弱 |
| だし | 1 1/2カップ | 1/2カップ |
| もめん豆腐 | | 80g |
| みょうが | | 5g |
| きゅうり | | 30g |
| 塩 | | 少量 |

※市販の煮干しの粉末（だし用）で代用可。

大人1人分 120kcal　塩分 2.1g

**作り方**

1 煮干しは頭とはらわたを除き、すり鉢でよくする。

2 ごまとみそを加えてすり混ぜ、だしを加え混ぜる。乳児用におたま1杯分をとり分ける。

3 大人用は小なべに入れて火にかけ、煮立ったら豆腐をつぶし入れて再び煮立てる。火を消し、さめたら冷蔵庫で冷やす。

4 みょうがはせん切りにする。きゅうりは輪切りにして塩をふり、もんで汁けを絞る。

・ごはんに3をかけ、4をのせて食べる。

## さつま芋とりんごの甘煮

**材料** 大人1人分と乳児1人分
★赤文字は全体量のうちの乳児1人分の目安量

| | | |
|---|---|---|
| さつま芋 | 皮つきで80g | 20g |
| りんご（皮と芯を除く） | 50g | 10g |
| 砂糖 | 大さじ2⅔ | 小さじ2 |

大人1人分 170kcal　塩分 0g

### 作り方

1. さつま芋は2cm角に切り、りんごは1cm角に切る。
2. なべに1とひたひたの水を入れて芋がやわらかくなるまで煮て、砂糖の½量を加え混ぜる。乳児用に芋¼量とりんご⅕量、煮汁⅓量をとり分ける。
3. 大人用は残りの砂糖を加え混ぜ、煮汁が少なくなるまで煮る。

---

### 離乳食

## みそ雑炊
## さつま芋とりんごの甘煮

雑炊は煮干しのうま味が食欲をそそります。
さつま芋とりんごの甘煮は
半量の砂糖で味つけしたところでとり分けます。

### みそ雑炊

**作り方**

1. 「煮干しの冷汁」の2でとり分けた汁を小なべに入れる。
2. ごはん40gともめん豆腐30gをくずして加え、ごはんがやわらかくなるまで煮る。

### さつま芋とりんごの甘煮

**作り方**

2でとり分けたさつま芋は皮を除き、りんごと煮汁を合わせて小なべに入れ、さらに煮る。

## menu 3 夕食

9か月から11か月ごろ

### 大人のごはん

豚肉とブロッコリーの中国風いため
白菜のわさびマヨネーズあえ
わかめと竹の子のスープ
ごはん（1人分200g）

1食分 602kcal　塩分 4.9g

いため物の野菜は冷蔵庫にあるものを使っても。
キャベツ、ねぎ、ピーマン、青梗菜、
ほうれん草なども合います。
あえ物は、マヨネーズに
わさびの香味をきかせて大人の味に。

### 豚肉とブロッコリーの中国風いため

**材料** 大人1人分と乳児1人分

★赤文字は全体量のうちの乳児1人分の目安量

| | | |
|---|---:|---:|
| 豚薄切りもも肉 | 65g | 15g |
| 塩・酒 | 各小さじ½ | 少量 |
| ブロッコリー | 80g | 20g |
| にんじん | 60g | 15g |
| セロリ | | 30g |
| しめじ類 | | 20g |
| 油 | 小さじ1½ | 小さじ½ |
| ごま油 | 小さじ½ | 少量 |
| 中国風ブイヨン小さじ½＋水 | ½カップ | ⅛カップ |
| 塩 | 少量 | 少量 |
| こしょう | | 少量 |
| かたくり粉 | 小さじ1 | |
| 水 | 小さじ2 | |

大人1人分 190kcal　塩分 3.1g

**作り方**

1 豚肉は一口大に切り、塩と酒をふる。

2 ブロッコリーは小房に分け、にんじんは短冊切りにする。それぞれやわらかくなるまでゆで、湯をきる。

3 セロリは筋を除いて斜め薄切りに、しめじは石づきを除いてほぐす。

4 中華なべに油とごま油を熱して1、2、3をいため、ブイヨンと水を加える。

5 煮立ったら塩の½量を加え混ぜる。乳児用に豚肉、ブロッコリー、にんじんをそれぞれ¼量ずつとり分ける。

6 大人用は残りの塩とこしょうを加え、水どきかたくり粉でとろみをつける。

## 白菜のわさびマヨネーズあえ

**作り方** 1人分

1 白菜50gは食べやすく切り、さっとゆでて湯をきる。ボンレスハムの薄切り5gは短冊切りにする。
2 マヨネーズ小さじ2弱と練りわさび少量を混ぜ合わせ、1を合わせてあえる。

1人分 62kcal　塩分 0.4g

## わかめと竹の子のスープ

**作り方** 1人分

1 ゆで竹の子20gは縦に薄切りにする。
2 なべに水1½カップ、鶏がら顆粒だし小さじ½を煮立て、1とわかめ2gを入れてさっと煮る。
3 しょうゆ小さじ½、こしょう少量で味をととのえる。

1人分 14kcal　塩分 1.4g

### 離乳食
### 豚肉とブロッコリーの中国風いため 一口おにぎり

赤ちゃん用のいため物は塩を控えます。
おにぎりは赤ちゃんの手の大きさに合わせて握ります。

## 豚肉とブロッコリーの中国風いため

**作り方**

❶ かたくり粉小さじ½と水小さじ1を混ぜ合わせる。
❷ 5でとり分けた乳児用を刻み、水¼カップとともに小なべに入れて火にかけ、❶でとろみをつける。

## 一口おにぎり

**作り方** 1人分

ごはん50gは乳児が食べやすい大きさに握る。

**9か月から11か月ごろ**

# menu 4 朝食

### 大人のごはん

じゃこ納豆
にんじんとさやいんげんのきんぴら
ごはん（1人分200g）
キウイフルーツ（1人分100g）

1食分 566kcal　塩分 2.9g

納豆は朝食向きの食品。
ちりめんじゃこを加えてうま味とカルシウムをプラス。
ごはんが進みます。

## じゃこ納豆

**作り方** 1人分

納豆40gにしょうゆ少量を加えて練り混ぜ、小鉢に盛ってちりめんじゃこ10gをのせる。

1人分 103kcal　塩分 1.1g

## にんじんとさやいんげんのきんぴら

**材料** 1人分

| | |
|---|---|
| にんじん・さやいんげん・糸こんにゃく | 各30g |
| ジャンボピーマン（赤） | 20g |
| ごま油 | 小さじ¾ |
| だし（または水） | 大さじ2 |
| 砂糖 | 小さじ1 |
| しょうゆ | 小さじ2 |

1人分 74kcal　塩分 1.8g

**作り方**

**1** にんじんとピーマンはそれぞれせん切りにする。
**2** さやいんげんと糸こんにゃくはそれぞれ4cm長さに切り、さっとゆでて湯をきる。
**3** なべにごま油を熱して **1**、**2** をいため、だしを加えて煮立て、砂糖としょうゆで調味する。

> 離乳食

# 納豆おかゆ
# スティック野菜

納豆は赤ちゃんが好む食品の一つです。
調理せず、そのまま食べられるのもうれしい。
ひきわり納豆はかたいので、粒の納豆を刻みましょう。

### 納豆おかゆ
**作り方** 1人分
1. 納豆15gは刻む。
2. おかゆ90gはめしわんに盛り、納豆をのせる。

### スティック野菜
**作り方** 1人分
1. にんじん・ジャンボピーマン（赤）各15gはそれぞれ皮を除いて棒状に切る。
2. ①をやわらかくなるまでゆで、湯をきる。

9か月から11か月ごろ

## menu 4 昼食

### 大人のごはん
鶏レバーのトマト煮
ロールパン（1人分90g）

1食分 390kcal　塩分 3.1g

鉄の宝庫——レバーを、たっぷりの夏野菜といっしょに。レバーの風味を損なわずに独特なくせを抜くコツは、よく水洗いをすること、ゆでこぼすことです。

⇒レバーの下ごしらえ…28ページ

### 鶏レバーのトマト煮

**材料**　大人1人分と乳児1人分
★赤文字は全体量のうちの乳児1人分の目安量

| | | |
|---|---|---|
| 鶏レバー・なす | 各60g | 各15g |
| ズッキーニ・玉ねぎ | 各40g | 各10g |
| オリーブ油 | 小さじ¾ | 小さじ¼ |
| トマト水煮缶詰め | 70g | 10g |
| 塩 | 小さじ¼ | |
| こしょう | 少量 | |

大人1人分 106kcal　塩分 2.0g

**作り方**

1　レバーは水でよく洗い、水けをふきとって一口大に切る。さっとゆで、湯をきる。

2　なすとズッキーニはそれぞれ2mm厚さの輪切りまたは半月切りにする。玉ねぎはみじん切りにする。

3　なべにオリーブ油を熱して1、2をいため、トマトを加え混ぜて野菜がやわらかくなるまで煮る。乳児用に¼量をとり分ける。

4　大人用は塩とこしょうで調味する。

### 離乳食

鶏レバーのトマト煮
パンがゆ

ことこと煮込んだ夏野菜はやわらかく、
ほんのりと甘ずっぱく、レバーの味わいと高相性です。
パンがゆには牛乳を使います。

### 鶏レバーの
### トマト煮

**作り方**
3でとり分けたレバーと野菜は刻んで合わせ、盛る。

### パンがゆ

**作り方** 1人分
耳を除いたパン15gはちぎって小なべに入れ、牛乳¼カップを注ぎ入れて汁けが少なくなるまで煮る。

**9か月から11か月ごろ**

# menu 4 夕食

### 大人のごはん

サケのクリームシチュー
ひじきとトマトのサラダ
ごはん（1人分200g）
グレープフルーツのシロップ漬け

1食分 722kcal　塩分 3.1g

シチューは主菜と副菜を兼ねた便利な一品。
クリーム味と相性がいいサケを主材料に使います。
サラダのさっぱりとした味わいで献立を引きしめ、
デザートでしめくくります。

## サケのクリームシチュー

**材料**　大人1人分と乳児1人分
★赤文字は全体量のうちの乳児1人分の目安量

| | | |
|---|---:|---:|
| 生ザケ | 60g | 15g |
| 塩 | 小さじ⅙ | 少量 |
| 油 | 小さじ1 | 少量 |
| じゃが芋・にんじん・玉ねぎ | 各60g | 各15g |
| グリーンアスパラガス | | 20g |
| 油 | | 小さじ1 |
| ホワイトソース（缶詰め） | 80g | 20g |
| 牛乳 | 60g | 20g |
| ロリエ | | 1枚 |
| 塩 | | 小さじ⅕ |
| こしょう | | 少量 |

大人1人分 297kcal　塩分 2.4g

**作り方**

1 サケは一口大に切って塩をふる。汁けをふきとり、油を熱したフライパンで両面を焼く。

2 じゃが芋、にんじん、玉ねぎはそれぞれ一口大に切る。

3 アスパラは根元のかたい皮を除いてゆで、水にとって水けをきり、2cm長さに切る。

4 なべに油を熱して2をいため、水1カップを注ぎ入れて芋と野菜がやわらかくなるまで煮る。

5 ホワイトソースと牛乳、ロリエを加え混ぜて静かに煮立て、サケを加え合わせて少し煮る。乳児用に¼量をとり分ける。

6 大人用はアスパラを加え混ぜ、塩とこしょうで味をととのえる。

## ひじきとトマトのサラダ

**材料** 大人1人分と乳児1人分
★赤文字は全体量のうちの乳児1人分の目安量

| ひじき | 乾4g | 乾1g |
| しょうゆ | 少量 | 少量 |

トマト……………………50g
オクラ……………………20g
ポン酢しょうゆ（市販品）
……………………小さじ1

大人1人分 24kcal　塩分 0.7g

### 作り方
1 ひじきは水に浸してもどし、水けをきってさっとゆで、湯をきる。しょうゆをからめ、乳児用に¼量をとり分ける。
2 トマトはくし形切りにする。オクラはゆでて湯をきり、斜めに2つ3つに切る。
3 1、2を合わせ、ポン酢しょうゆをまわしかける。

## グレープフルーツのシロップ漬け

**作り方** 1人分
1 小なべに水¼カップと砂糖大さじ1強を入れて煮立て、さめるまでおく。
2 薄皮を除いたグレープフルーツ70gに1をかけ、冷蔵庫で冷やす。

1人分 65kcal　塩分 0g

---

### 離乳食
## サケのクリームシチュー
## ひじきがゆ

シチューはしっかり煮込まれてやわらかいので、刻むだけで赤ちゃん用に。
ひじきはおかゆに混ぜで食感を高め、鉄もプラスします。

### サケのクリームシチュー
**作り方**
5でとり分けた具は刻んで合わせ、盛る。

### ひじきがゆ
**作り方**
「ひじきとトマトのサラダ」の1でとり分けたひじきは刻み、おかゆ90gに加え混ぜる。

## 牛乳を飲むのは1歳を過ぎてから

　牛乳にはたんぱく質やカルシウムが豊富に含まれます。手軽に摂取できるのも牛乳の利点で、成長期の子どもは積極的にとりたい飲み物です。
　ただ、赤ちゃんの場合、牛乳がほかの素材の鉄を包み込んでしまうので、腸から鉄が吸収されるのを妨げてしまいます。
　また、赤ちゃんが牛乳をたくさん飲むと、アレルギーによる消化管出血が起こることがあります。
　以上のことから、牛乳を与えるのは1歳を過ぎてからが望ましいとされています。ただし1歳前でも、少量を調理に使うのは問題ありません。

## イオン飲料は病気のときだけに

　赤ちゃんが発熱したときなどに、水分補給のためにイオン飲料をすすめられ、赤ちゃんもおいしそうに飲むので、体調がよくなってからも水がわりに与え続けているケースがあります。
　イオン飲料は、たとえ赤ちゃん用であっても、たくさん飲むと糖分や電解質のとりすぎになります。そのため、栄養が偏ったり、赤ちゃんの腎臓に負担がかかったりすることもあります。また、就寝前に哺乳びんなどで与えたり、だらだらと飲ませたりすると虫歯の原因にもなります。
　イオン飲料は、病気のときの水分補給以外は必要ありません。

## よく噛むことのたいせつさ

　離乳が進むにつれて、かたいものでもよく噛んで食べるようになります。
　よく噛むことのメリットを、学校食事研究会の阿部裕吉氏（故人）は「卑弥呼の歯がいーぜ」という標語にまとめています。これは大人にもあてはまります。
ひ…肥満を予防します
み…味覚が発達します
こ…言葉の発音がはっきりします
の…脳が発達します
は…歯の病気を予防します
が…がんを予防します
い…胃腸の調子をよくします
ぜ…全身の体力向上になります
　いつまでもやわらかいものばかり与えていると、成長してからも、かたいものをよく噛まずにまるのみしてしまうことになります。よく噛んで食べることも、離乳食のたいせつな目的の一つです。

*赤ちゃんの食卓まわりのetcetraエトセトラ*

食べるのが好きになる離乳食
# 1歳から
# 1歳6か月ごろ

**主食、主菜、副菜、間食の役割を覚えましょう**

赤ちゃんは、一日3食に加えて間食をとり、必要な栄養の多くを離乳食からとるようになります。
ママは、主食、主菜、副菜、間食の役割を知り、栄養バランスも意識するようにしましょう。
ただ、赤ちゃんも気分次第で食べたり食べなかったりします。
あせらず、ゆったりとした気持ちで見守りましょう。

# 1歳から1歳6か月ごろ…赤ちゃんの成長と食生活

## 1 赤ちゃんの成長

1歳を過ぎると、つたい歩きをしたり、大人のいう簡単な言葉（おいで、ちょうだい、など）がわかるようになり、体も心もどんどん発達していきます。

食べ物を目で確かめ、手指でつかみ、口まで運んで食べる「手づかみ食べ」はさらに盛んになります。赤ちゃんにとって、手づかみ食べは自分で食事がとれるようになるための練習です。赤ちゃんの「自分で食べたい」という意欲と、食べるペースをたいせつにしてあげましょう。

さらに、スプーンやフォークなどをじょうずに使えるようにもなってきます。

## 2 食べ方、食事の与え方

舌が自由に動くようになり、奥歯も生え始めて噛む能力が完成していきます。また、口の中に食べ物を詰め込みすぎたり、食べこぼしたりしながら、自分の一口分の量を覚えていく時期です。

赤ちゃんの歯は、1歳3か月ごろまでには前歯が上下4本ずつ生えそろい、1歳2か月～1歳5か月ごろには奥歯（第一乳臼歯）が生え始めます。ただ、噛む力はまだ弱く、奥歯が生えそろうのもずっとあと（2歳半～3歳半ごろ）です。

赤ちゃんが自分から進んで離乳食を食べるようにするには、食事のときに空腹であることが基本です。体を動かすような遊びをたっぷりさせて、規則的な食事リズムをつくるようにしましょう。

## 3 この時期から食べられる素材

1歳を過ぎると多くのものが食べられるようになります。主食のおかゆはごはんに移行できます。また、中華めん、バターロールやクロワッサンなどが食べられるようになります。

魚は、練り製品も含めて、ほぼすべてが食べられます。ハムなどの加工品も少量ならOK。牛乳は調理にだけではなく、飲むこともできます。

そのほか、きのこ類が食べられるようになり、調味料などはカレー粉（辛くない程度に）、ソース、マヨネーズなどが使えます。

ミルクを与えている場合は、あえて牛乳にかえる必要はありませんが、哺乳びんではなくコップで与えるようにしましょう。

● この時期から食べられるおもな素材
炭水化物：ごはん、中華めん、バターロール、クロワッサン
たんぱく質：すべての魚（魚卵を除く）・魚の加工品、ハムなどの肉の加工品、牛乳
ビタミン・ミネラル：ほぼすべての野菜（9か月から11か月ごろと同様に、香りやアクが強いもの、繊維がかたいものを除く）、きのこ類
調味料など：カレー粉、ソース、マヨネーズ

## 4 離乳食の形態、大きさ、かたさ

歯が生えてきても噛む力はまだ弱いので、大人のものよりやわらかく調理します。かたさは、歯茎で噛み切れる程度、肉団子を目安にします。

調理法は広がり、煮る、ゆでるに加えて、いためる、焼く、揚げるなどができます。刺し身や生野菜は口の中ですりつぶしにくいですし、衛生面も考慮して、1歳6か月以降がいいでしょう。

大人の料理の味つけは赤ちゃんにはまだ濃いので、うす味にします。また、素材の切り方は、やや大きめに刻んでスプーンですくいやすくしたり、手で握れるサイズのものを持たせて前歯で一口をかじりとる訓練をさせましょう。

**にんじん**
3mm角の棒状または3mm厚さのいちょう切りにしてゆで、「噛んで食べる」ことを練習します。

**ほうれん草**
ゆでて2cm長さに切ります。歯ごたえを感じられる大きさです。

**絹ごし豆腐**
赤ちゃんの一口大の大きさに切ります。赤ちゃんがスプーンですくいやすい大きさでもあります。

**米（ごはん）**
ごはんを少しやわらかめに炊けば、赤ちゃん用をわざわざ作らなくてもいいでしょう。

## 5 どのくらい食べたらいいの？

一日に必要な栄養量の多くを離乳食からとるようになります。1食につき、ごはんは子ども茶わんに軽く1杯。1食あたりの魚や肉は15〜20g、野菜は40〜50gが目安です。母乳やミルクは減っていきます。

炭水化物（ごはん、パン、めん）、たんぱく質（魚、肉、大豆・大豆製品、卵）、ビタミン類（野菜、芋、くだもの）のバランスがよい献立を用意しましょう。また、一日に1〜2回とる間食は「エネルギーの補給」と考え、甘いものに偏ることがないようにしましょう。

## 6 離乳食タイムスケジュール

朝・昼・夕の離乳食と、午前および午後に間食を食べます。母乳やミルクの量は少しずつ減っていきます。

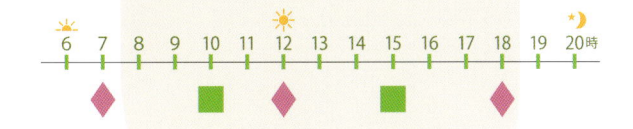

◆ 離乳食
■ 間食（おやつ）

・この図は離乳の完了の一例です。この通りにする必要はありません。

### 1歳から1歳6か月ごろ
## menu 1

作り方は112〜113ページ

#### おやつ（10時）
バナナ
牛乳

1食分 112kcal　塩分 0.1g

バナナでエネルギーと食物繊維を、
牛乳でカルシウムを補給します。

#### 昼食
カニあんかけチャーハン
ワンタンスープ

1食分 231kcal　塩分 0.8g

チャーハンにカニあんをからめると
食べやすくなります。
盛り方をひとくふうしてレストラン風に。
スープのワンタンは
つるんとやわらかです。

#### 朝食
チーズトースト
かぶとベーコンのスープ

1食分 155kcal　塩分 1.4g

チーズの香ばしさが
食欲をそそるトーストは、
スティック状にして
手づかみ食べしやすくします。
やわらかく煮た
かぶのスープを組み合わせて。

### 夕食
タラのフィンガーフライ
大根とにんじんのきんぴら風
わかめごはん

1食分 224kcal　塩分 0.5g

フィンガーフライは手でつかんで食べられます。
一口量をかじりとる練習にも最適。
きんぴら風は、大根とにんじんを
やわらかくなるまで煮て、食べやすくします。
ごはんには刻んだわかめを加えて風味をプラス。

### おやつ（15時）
バナナとレーズンの蒸しパン
牛乳

1食分 185kcal　塩分 0.3g

蒸しパンはホットケーキミックスを使って手軽に作ります。
飲み物は牛乳がいちばん。

## menu1 作り方

### 朝食

### チーズトースト

**材料** 1人分
- 食パン（耳を除く）……………30g
- トマトケチャップ………小さじ½
- とろけるタイプのチーズ……10g
- ブロッコリー………………………10g

1人分 121kcal　塩分 0.7g

**作り方**
1. パンは棒状に4つに切り、ケチャップを薄く塗ってチーズをのせ、オーブントースターで焼き色がつくまで焼く。
2. ブロッコリーはゆでて湯をきり、食べやすく切る。
3. チーズトーストを皿に盛り、ブロッコリーを添える。

### かぶとベーコンのスープ

**材料** 1人分
- かぶ……………………………40g
- かぶの葉………………………10g
- ベーコンの薄切り………………5g
- 固形ブイヨン……………………¼個

1人分 34kcal　塩分 0.7g

**作り方**
1. かぶは皮を除いて薄いくし形切りにする。かぶの葉とベーコンはそれぞれあらみじん切りにする。
2. 小なべに水¾カップを入れて煮立て、1とブイヨンを入れてかぶがやわらかくなるまで煮る。

### おやつ（10時）

**バナナ**（1人分 50g）　1人分 43kcal　塩分 0g

**牛乳**（1人分½カップ）　1人分 69kcal　塩分 0.1g

### おやつ（15時）

### バナナとレーズンの蒸しパン

**材料** 6個分
- ホットケーキミックス……100g
- 牛乳………………………1カップ
- 卵…………………………………1個
- バナナ……………………………½本
- レーズン…………………………24粒

1個分 116kcal　塩分 0.2g

**作り方**
1. ボールにホットケーキミックス、牛乳、卵を混ぜ合わせ、耐熱の紙カップ（またはアルミカップ）に等分に流し入れる。
2. バナナは長さを3等分にして縦半分に切り、1切れずつ1にのせ、レーズンを等分に散らす。
3. 蒸気の上がった蒸し器で約8分蒸す。

**牛乳**（1人分½カップ）　1人分 69kcal　塩分 0.1g

## 昼食

### カニあんかけチャーハン

**材料** 1人分

| | |
|---|---|
| ごはん | 80g |
| ねぎ・卵 | 各10g |
| 油 | 小さじ½ |
| カニ（ゆで） | 10g |
| 顆粒中国風だし | 小さじ¼ |
| かたくり粉 | 小さじ½ |
| 水 | 小さじ1 |

1人分 184kcal　塩分 0.5g

**作り方**

1 ねぎは小口切りにする。卵はときほぐす
2 カニは軟骨を除いてほぐす。
3 フライパンに油を熱し、ねぎと卵をいため、ごはんを加えていため合わせる。適当な大きさの型に詰め、器に抜き出す。
4 小なべに顆粒だしと水½カップ（分量外）を入れて煮立て、カニを加え混ぜて水どきかたくり粉でとろみをつける。
5 3のチャーハンに4をかける。

### ワンタンスープ

**材料** 1人分

| | |
|---|---|
| ワンタンの皮 | 2枚 |
| 豚赤身ひき肉 | 5g |
| キャベツ | 10g |
| かたくり粉 | 少量 |
| 顆粒鶏がらだし | 小さじ¼ |

1人分 47kcal　塩分 0.3g

**作り方**

1 キャベツはみじん切りにして軽くもみ、汁けを絞る。豚肉とかたくり粉を加え、よく練り混ぜる。
2 ワンタンの皮は斜めに半分ずつに切る。
3 1を4等分して2にのせ、皮の合わせ目に水少量を塗り、閉じる。
4 小なべに顆粒だしと水¾カップを煮立て、ワンタンを入れて浮き上がるまで煮る。

## 夕食

### タラのフィンガーフライ

**材料** 1人分

| | |
|---|---|
| タラ（骨と皮を除く） | 15g |
| 薄力小麦粉・卵・パン粉 | 各適量 |
| さつま芋 | 20g |
| 揚げ油 | |

1人分 71kcal　塩分 0.1g

**作り方**

1 タラは棒状に2つに切る。パン粉は握りつぶして細かくする。
2 さつま芋は皮を除いて5mm角の棒状に切り、水にさらす。水けをふきとる。
3 揚げ油を160〜170度に熱してさつま芋を揚げる。油をきる。
4 油を180度に上げ、タラに小麦粉、卵、パン粉の順に衣をつけてからりと揚げる。油をきる。
5 皿に3と4を盛り合わせる。

### 大根とにんじんのきんぴら風

**材料** 1人分

| | |
|---|---|
| 大根・にんじん | 各20g |
| 砂糖・しょうゆ | 各小さじ⅓ |
| だし | 大さじ2 |

1人分 17kcal　塩分 0.3g

**作り方**

1 大根とにんじんはそれぞれ3mm角の棒状に切る。
2 小なべに砂糖、しょうゆ、だしを入れて煮立て、1を加えてやわらかくなるまで弱火で煮る。

### わかめごはん

**作り方** 1人分

水に浸してもどしたわかめ10gはさっと湯に通して水にとり、水けを絞ってみじん切りにし、ごはん80gに加え混ぜる。

1人分 136kcal　塩分 0.1g

1歳から
1歳6か月ごろ
# menu 2

作り方は 116〜117 ページ

### 朝食

**ひじき入りの卵焼き**
**ほうれん草と豆腐のみそ汁**
**ごはん**

1食分 216kcal　塩分 0.7g

主菜はひじきと卵で鉄がたくさんとれます。
卵は短時間で火が通る便利な素材です。
みそ汁の具には、やわらかく食べやすい
ほうれん草と豆腐をとり合わせて。

### おやつ（10時）

**くだもののヨーグルトあえ**

1食分 58kcal　塩分 0.1g

プレーンヨーグルトの酸味に
くだものの甘さがよく合います。
季節のくだものを使いましょう。

### 昼食

**ポテトグラタン**
**キャベツのコールスロー**

1食分 182kcal　塩分 0.8g

炭水化物が多いじゃが芋をごはんがわりに。
主食兼主菜のグラタンです。
副菜のサラダには、マヨネーズのまろやかさと
レーズンの甘味を添えます。

**おやつ（15時）**

ジャムサンド
牛乳

1食分 168kcal　塩分 0.5g

定番のジャムサンドも切り方ひとつで楽しいおやつに。
指でつまんでぱくんと食べられます。

**夕食**

ハンバーグ
ほうれん草とじゃこの煮浸し
ごはん

1食分 241kcal　塩分 0.8g

ハンバーグはミックスベジタブルを加えて
手軽にボリュームアップ。
もぐもぐしっかり噛んで食べてほしい一品です。
ほうれん草はちりめんじゃこのうま味を加えたお浸しに。

## menu2 作り方

### 朝食

#### ひじき入りの卵焼き

**材料** 1人分

| | |
|---|---|
| 卵 | 25g |
| ひじき | 乾1g |
| にんじん | 10g |
| だし | ¼カップ |
| 砂糖 | 小さじ⅓ |
| しょうゆ | 小さじ¼ |
| 油 | 小さじ½ |
| さやえんどう | 2枚 |

1人分 69kcal　塩分 0.4g

**作り方**

1 ひじきは水に浸してもどし、水けをきって食べやすく切る。にんじんはせん切りにする。
2 小なべに1とだしを入れてやわらかくなるまで煮て、砂糖としょうゆを加えて煮汁が少なくなるまで煮る。さめるまでおく。
3 卵はときほぐして2を入れ、油を熱したフライパンに流し入れる。半熟になったらくるくると巻き、火を通す。
4 さやえんどうはゆでて水にとり、水けをきる。斜めに半分ずつに切る。
5 卵焼きは半分に切って皿に盛り、さやえんどうを添える。

#### ほうれん草と豆腐のみそ汁

**材料** 1人分

| | |
|---|---|
| ほうれん草 | 20g |
| 絹ごし豆腐 | 5g |
| だし | ½カップ |
| みそ | 小さじ⅓ |

1人分 13kcal　塩分 0.3g

**作り方**

1 ほうれん草はさっとゆでて水にとり、水けを絞って2cm長さに切る。豆腐は一口大に切る。
2 小なべにだしを煮立ててみそをとき入れ、ほうれん草と豆腐を加えてさっと煮る。

**ごはん** (1人分 80g)　1人分 134kcal　塩分 0g

### おやつ（10時）

#### くだもののヨーグルトあえ

**材料** 1人分

| | |
|---|---|
| プレーンヨーグルト | 50g |
| バナナ | 20g |
| オレンジ・りんご | 各10g |

1人分 58kcal　塩分 0.1g

**作り方**

1 バナナは一口大に切る。オレンジは薄皮を除いてほぐし、りんごは皮と芯を除いて一口大に切る。
2 1を合わせ、ヨーグルトを加えてあえる。

### おやつ（15時）

#### ジャムサンド

**作り方** 1人分

1 耳を除いた食パン1枚（30g）は半分に切り、いちごジャム10gを塗って重ね合わせる。
2 食べやすく切って皿に盛る。

1人分 99kcal　塩分 0.4g

**牛乳** (1人分 ½カップ)　1人分 69kcal　塩分 0.1g

## 昼食

### ポテトグラタン

**材料** 1人分
- じゃが芋・ホワイトソース（缶詰め）……………… 各50g
- ブロッコリー ……………… 20g
- とろけるタイプのチーズ …… 10g

1人分 136kcal　塩分 0.7g

**作り方**
1. じゃが芋は皮を除いて一口大に切り、やわらかくなるまでゆでて、湯をきる。
2. ブロッコリーは小房に分けてやわらかくなるまでゆで、湯をきって食べやすく切る。
3. 1、2を合わせてホワイトソースを加え混ぜ、バター少量を塗った耐熱容器に均一に入れる。
4. チーズをかけ、オーブントースターで焼き色がつくまで焼く。

### キャベツのコールスロー

**作り方** 1人分

1. キャベツ20gはせん切りにしてさっとゆで、湯をきる。
2. 干しぶどう5gは湯に浸してやわらかくし、湯をきる。
3. キャベツと干しぶどうがそれぞれさめたら合わせ、マヨネーズ小さじ1であえ混ぜる。

1人分46kcal　塩分0.1g

## 夕食

### ハンバーグ

**材料** 1人分
- 牛豚ひき肉 ……………… 20g
- 玉ねぎ・ミックスベジタブル ……………… 各10g
- パン粉・卵（ときほぐす） ……………… 各少量
- 塩 ……………… 少量
- 油 ……………… 小さじ½
- トマトケチャップ ……………… 少量
- ミニトマト ……………… 1個

1人分 89kcal　塩分 0.3g

**作り方**
1. 玉ねぎはみじん切りにし、ミックスベジタブルと合わせてさっとゆで、湯をきり、さます。
2. ボールに1、ひき肉、パン粉、卵、塩を入れて練り混ぜ、1cm厚さの丸形にまとめる。
3. フライパンに油を熱して2を両面を焼いて火を通し、皿に盛ってケチャップをかける。
4. トマトはへたを除いて縦半分に切り、ハンバーグに添える。

### ほうれん草とじゃこの煮浸し

**材料** 1人分
- ほうれん草 ……………… 30g
- ちりめんじゃこ ……………… 3g
- だし ……………… ¼カップ
- 砂糖 ……………… 小さじ⅓
- しょうゆ ……………… 小さじ¼

1人分 18kcal　塩分 0.5g

**作り方**
1. ほうれん草はゆでて水にとり、水けを絞って2cm長さに切る。
2. 小なべにだし、砂糖、しょうゆを入れて煮立て、ほうれん草とちりめんじゃこを加えてさっと煮る。

### ごはん （1人分 80g）　1人分 134kcal　塩分 0g

1歳から
1歳6か月ごろ

# 主食

主食の穀類（ごはん、パン、めんなど）には、
エネルギーの源になる炭水化物が多く含まれます。
炭水化物は、赤ちゃんが成長するために最も必要な栄養素です。
不足することなくとりましょう。
穀類は、ミネラルやビタミン、食物繊維の供給源でもあります。

## じゃこと小松菜の おにぎり

噛めば噛むほど
味わい深いおにぎりです。

**材料** 1人分

| | |
|---|---|
| ごはん | 80g |
| 小松菜 | 10g |
| ちりめんじゃこ | 5g |
| いり白ごま | 小さじ⅓ |

1人分 152kcal　塩分 0.3g

**作り方**

**1** 小松菜はやわらかくなるまでゆでて水にとり、水けを絞って刻む。
**2** 全材料を混ぜ合わせ、食べやすい大きさに握る。

## サケの ちらしずし風

酢めしは赤ちゃんには
味が濃いので、
ふつうのごはんで。

**材料** 1人分

| | |
|---|---|
| ごはん | 80g |
| サケフレーク（市販品） | 10g |
| 卵 | 10g |
| 砂糖 | 小さじ⅓ |
| さやえんどう・刻みのり | 各少量 |

1人分 172kcal　塩分 0.5g

**作り方**

**1** 卵はときほぐして砂糖を加え混ぜる。小なべに入れて火にかけ、かき混ぜながら火を通す。
**2** さやえんどうはさっとゆでて水にとり、水けをきって斜めに細く切る。
**3** ごはんにサケフレークを加え混ぜて器に盛り、**1**をのせてさやえんどうとのりを散らす。

## スパゲティナポリタン

**めんをすすり上げる力はまだ弱いので、スパゲティは短く切ります。**

### 材料　1人分
スパゲティ …………………… 乾20g
玉ねぎ・にんじん ………… 各10g
ピーマン・ロースハムの薄切り
　　　　　　　　　………… 各5g
油 ……………………………… 小さじ¾
トマトケチャップ ……… 小さじ1

1人分 127kcal　塩分 0.5g

### 作り方
1　野菜とハムはそれぞれ8mm角に切る。野菜はゆでて湯をきる。
2　スパゲティはやわらかくゆでて湯をきり、3cm長さに切る。
3　フライパンに油を熱して1をいため、2を加えていため合わせ、ケチャップで調味する。

## にゅうめん

**そうめんは短く折ることができて便利です。だしの風味をきかせた一品に。**

### 材料　1人分
そうめん …………………… 乾15g
ほうれん草 ………………… 30g
にんじん（花型に抜く）
　　　　　　　………… 2枚(20g)
だし ……………………… ½カップ
しょうゆ ……………… 小さじ½

1人分 71kcal　塩分 0.7g

### 作り方
1　ほうれん草はゆでて水にとり、水けを絞って5cm長さに切る。にんじんはやわらかくなるまでゆで、湯をきる。
2　そうめんは3cm長さに折り、やわらかくゆでて水にとり、水けをきる。
3　小なべにだしとしょうゆを煮立て、2を加えてさっと煮る。器に盛り、ほうれん草とにんじんをのせる。

1歳から
1歳6か月ごろ

# 主菜

主菜は、魚、肉、大豆、大豆製品（豆腐、納豆、がんもどきなど）、卵などの素材を使ったおかずです。
これらの素材には、筋肉や臓器などを作る重要な栄養素——たんぱく質が豊富で、赤ちゃんの成長には不可欠です。
また、カルシウムや鉄などのミネラルも多く含みます。

## すき焼き

すき焼きは、牛肉、野菜、きのこをひとなべで調理できるのが利点です。

**材料** 1人分
- 牛薄切り肉 ……………… 15g
- にんじん・春菊 ………… 各10g
- ねぎ・えのきたけ（石づきを除く）
  ………………………… 各5g
- 砂糖・しょうゆ …… 各小さじ⅓

1人分 61kcal　塩分 0.3g

**作り方**
1 牛肉は一口大に切る。
2 にんじんは3mm厚さの色紙切りにし、春菊は2cmに切り、ねぎは斜めに薄く切る。えのきたけは長さを半分に切ってほぐす。
3 小なべに水¾カップ、砂糖、しょうゆを入れて煮立て、1、2を入れて火が通るまで煮る。

## 蒸し魚の野菜あんかけ

蒸した白身魚に野菜たっぷりのあんをかけておいしく食べやすく。

**材料** 1人分
- 白身魚 ……………………… 20g
- 塩 …………………………… 少量
- にんじん・玉ねぎ ………… 各10g
- ピーマン …………………… 5g
- 顆粒鶏がらだし ……… 小さじ¼
- しょうゆ …………………… 少量
- かたくり粉 ………… 小さじ½
- 水 …………………… 小さじ1

1人分 48kcal　塩分 0.8g

**作り方**
1 魚は塩をふってしばらくおき、汁けをふいて蒸気の上がった蒸し器で約8分蒸す（またはゆでて火を通し、湯をきる）。
2 にんじん、玉ねぎ、ピーマンはそれぞれせん切りにする。
3 小なべに顆粒だしと水½カップ（分量外）を入れて火にかけ、煮立ったら2を入れてやわらかくなるまで煮る。しょうゆを加え混ぜ、水どきかたくり粉でとろみをつける。
4 魚を皿に盛り、3をかける。

## ほうれん草の卵とじ

**ふんわりとやわらかい卵とじ。
卵とほうれん草は鉄が多いコンビです。**

### 材料 1人分
| | |
|---|---|
| 卵・ほうれん草 | 各20g |
| ジャンボピーマン（赤） | 5g |
| だし | ¼カップ |
| 砂糖 | 小さじ⅓ |
| しょうゆ | 小さじ¼ |

1人分 42kcal　塩分 0.3g

### 作り方
1 ほうれん草はゆでて水にとり、水けを絞って1cm長さに切る。ピーマンは5mm角に切る。
2 小なべにだし、砂糖、しょうゆを入れて煮立て、1を入れてやわらかくなるまで煮る。
3 卵をときほぐしてまわし入れ、卵に火が通るまで煮る。

## 豆腐のハンバーグ

**豆腐のほのかな甘味を生かしたハンバーグ。
ひじきで鉄と風味をプラスします。**

### 材料 1人分
| | |
|---|---|
| もめん豆腐 | 50g |
| 玉ねぎ | 15g |
| ひじき | 乾1g |
| かたくり粉 | 小さじ1 |
| 卵 | 5g |
| 油 | 小さじ½ |
| だし | 大さじ2 |
| しょうゆ | 小さじ¼ |
| かたくり粉 | 小さじ¼ |
| 水 | 小さじ½ |

1人分 83kcal　塩分 0.3g

### 作り方
1 豆腐はほぐしてしばらくおき、水けをきる。
2 玉ねぎはみじん切りにしてさっとゆで、湯をきる。ひじきは水に浸してもどし、水けをきって1cm長さに切る。
3 ボールに1、2、かたくり粉、卵を入れてよく練り混ぜ、小判形に整える。
4 フライパンに油を熱し、3を両面を焼いて火を通し、皿に盛る。
5 小なべにだしとしょうゆを入れて煮立て、水どきかたくり粉でとろみをつける。4にかける。

1歳から
1歳6か月ごろ

# 副菜

副菜には、野菜、海藻、きのこなどの素材を使います。
これらには、体の働きをスムーズにするビタミンやミネラルが多く含まれています。
にんじんやほうれん草、トマトなどの緑黄色野菜にはカロテンやミネラルが多く、
キャベツやかぶやきゅうりなどの淡色野菜はビタミンCや食物繊維の供給源です。
海藻には食物繊維や鉄が多く、きのこは食物繊維の宝庫です。

## いりどり

**鶏ひき肉のうま味を
野菜や芋やきのこにからめます。**

### 材料　1人分

| | |
|---|---|
| 鶏ひき肉 | 15g |
| にんじん・里芋 | 各10g |
| 生しいたけ（軸を除く） | 5g |
| 油 | 小さじ¼ |
| だし | ½カップ |
| 砂糖・しょうゆ | 各小さじ⅓ |

1人分 52kcal　塩分 0.4g

### 作り方

1 にんじんと里芋はそれぞれ一口大に切る。しいたけはそぎ切りにする。
2 小なべに油を熱して1と鶏肉をいため、だしを注ぎ入れてやわらかくなるまで弱火で煮る。
3 砂糖としょうゆを加えて煮含める。

## ひじきと凍り豆腐の煮物

**常備菜の定番おかず。
ころころして食べにくい大豆の代わりに凍り豆腐を使います。**

### 材料　1人分

| | |
|---|---|
| ひじき | 乾3g |
| にんじん | 20g |
| 凍り豆腐 | 乾3g |
| 油 | 小さじ¼ |
| だし | ½カップ |
| 砂糖・しょうゆ | 各小さじ⅓ |

1人分 44kcal　塩分 0.5g

### 作り方

1 ひじきは水に浸してもどし、水けをきって食べやすく切る。にんじんは7mm角に切る。凍り豆腐は水に浸してもどし、水けを絞って7mm角に切る。
2 なべに油を熱して1をいため、だしを注ぎ入れてひじきとにんじんがやわらかくなるまで煮る。
3 砂糖としょうゆを加え混ぜ、弱火で煮含める。

## 青菜とサクラエビの煮浸し

**青菜は、下ゆですると煮汁の風味がなじみやすくなります。**

### 材料　1人分

青菜（小松菜、ほうれん草など）
　……………………… 30g
サクラエビ ……………… 2g
だし ……………… ¼カップ
しょうゆ ………… 小さじ¼

1人分 13kcal　塩分 0.3g

### 作り方

**1** 青菜はゆでて水にとり、水けを絞って1cm長さに切る。
**2** 小なべにだしとしょうゆを入れて煮立て、青菜とサクラエビを加えてさっと煮る。

## レタスと豚ひき肉のいため物

**レタスは加熱するとかさが減ってたくさん食べられます。**

### 材料　1人分

レタス ………………… 30g
豚ひき肉・生しいたけ … 各10g
ごま油（またはサラダ油）
　………………… 小さじ½
しょうゆ ………… 小さじ⅓
かたくり粉 ……… 小さじ½
水 ………………… 小さじ1

1人分 52kcal　塩分 0.3g

### 作り方

**1** レタスはさっとゆでて湯をきり、細く切って皿に広げて盛る。
**2** しいたけはみじん切りにする。
**3** フライパンに油を熱して豚肉をいため、火が通ったらしいたけを加えていため合わせる。
**4** しょうゆを加え混ぜ、水どきかたくり粉でとろみをつける。**1**のレタスの上に盛る。

## さつま汁

さつま芋の甘味がみそ味によく合います。
ごぼうもやわらかく煮ればOK。

**材料** 1人分

| | |
|---|---|
| さつま芋 | 皮つきで 20g |
| にんじん・大根 | 各10g |
| ごぼう・しめじ類（石づきを除く） | 各5g |
| だし | ¾カップ |
| みそ | 小さじ¾ |

1人分 48kcal　塩分 0.7g

**作り方**

1 さつま芋、にんじん、大根はそれぞれ3mm厚さのいちょう切りにする。
2 ごぼうは細切りにして水にさらし、水けをきる。しめじはほぐす。
3 小なべにだしを温め、1、2を入れて芋と野菜がやわらかくなるまで煮て、みそをとき入れる。

## カリフラワーのミルクスープ

牛乳を使ってまろやかな味わいです。カルシウムがとれるのもうれしい。

**材料** 1人分

| | |
|---|---|
| カリフラワー | 30g |
| にんじん | 20g |
| 玉ねぎ | 10g |
| ロースハムの薄切り | 5g |
| 固形ブイヨン¼個+水 | ¾カップ |
| 牛乳 | ⅕カップ弱（40g） |
| 塩 | 少量 |
| パセリ（みじん切り） | 少量 |

1人分 59kcal　塩分 1.0g

**作り方**

1 カリフラワーは小房に分ける。にんじんは3mm厚さのいちょう切りにする。玉ねぎは繊維に沿って薄く切り、ハムは放射状に8つに切る。
2 小なべにブイヨンと水を入れて煮立て、1を入れて野菜がやわらかくなるまで煮る。
3 牛乳を注ぎ入れ、さっと煮て塩で味をととのえる。
4 器に盛り、パセリをふる。

1歳から
1歳6か月ごろ

## 間食

間食は食生活の楽しみ。
赤ちゃんは成長も活動も活発なので、
食事ではとりきれないエネルギーを補給する役目もあります。

### フレンチトースト

パンに卵液を
たっぷりと含ませて。

**材料** 1人分

| | |
|---|---|
| 食パン（耳を除く） | 30g |
| 卵 | 10g |
| 牛乳 | 30g |
| バター | 小さじ1（4g） |
| グラニュー糖 | 小さじ¼ |

1人分 148kcal　塩分 0.5g

**作り方**

1 ボールに卵をときほぐし、牛乳を加え混ぜる。
2 パンは4つに切って1に浸し、しばらくおく。
3 フライパンにバターをとかし、2を入れて両面を焼き、グラニュー糖をふる。

### お好み焼き

野菜もとれるうれしい間食。
「間食＝甘いもの」
ではありません。

**材料** 1人分

| | |
|---|---|
| キャベツ | 30g |
| サクラエビ | 1g |
| 薄力小麦粉 | 15g |
| 卵 | 10g |
| 油 | 小さじ1¼ |
| 中濃ソース・削りガツオ・青のり | 各少量 |

1人分 130kcal　塩分 0.2g

**作り方**

1 キャベツは刻む。
2 ボールに小麦粉、卵、水大さじ1⅓を混ぜ合わせ、キャベツとサクラエビを加え混ぜる。
3 フライパンに油を熱して2を丸く流し入れ、両面を焼く。
4 皿に盛り、ソースをかけて削りガツオと青のりを散らす。

## さつま芋の蒸しパン

さつま芋をころころと散らして。
おいしさと噛みごたえを加えます。

**材料** 6個分

| ホットケーキミックス | 100g |
| 牛乳 | 1カップ |
| 卵 | 1個 |

さつま芋 …………… 皮つきで30g

1個分 103kcal　塩分 0.2g

**作り方**

1 さつま芋は8㎜角に切ってさっとゆで、湯をきる。
2 ボールにホットケーキミックス、牛乳、卵を混ぜ合わせ、さつま芋を加え混ぜる。耐熱の紙カップ（またはアルミカップ）に等分に流し入れる。
3 蒸気の上がった蒸し器で約8分蒸す。

## 白玉団子入りフルーツポンチ

赤ちゃんの咀嚼と飲み込みの様子を見て
心配なときは白玉団子を除きましょう。

**材料** 1人分

白玉粉 …………………………… 15g
バナナ・グレープフルーツ・キウイフルーツ ………… 各10g
a ｜ 砂糖 ……………… 小さじ2
　｜ 水 ………………… ¼カップ

1人分 96kcal　塩分 0g

**作り方**

1 白玉粉に水大さじ1（分量外）を少しずつ加え混ぜ、耳たぶくらいのかたさにする。一口大に丸め、真ん中をくぼませる。
2 1をゆで、浮き上がったら水にとり、水けをきる。
3 小なべにaを合わせて煮立て、さめるまでおく（シロップ）。
4 くだものはそれぞれ食べやすく切る。
5 白玉団子とくだものを合わせて器に盛り、シロップをかける。

# Q & A

### …「食べるのが好きになる」子育て相談…

これまでにご紹介した「赤ちゃんの発達・成長と食生活」のほかに、
子育て相談などに寄せられた質問をとり上げました。

**Q** 母乳はいつまであげていいのでしょうか。

**A** 　離乳のどの時期においても、母乳は赤ちゃんがほしがるままに与えるようにします。ただし、離乳食の時間は食後に母乳をあげましょう。
　母乳はいつまでにやめなければいけないという決まりはありません。1歳までに母乳を飲まなくなる子もいれば、1歳6か月を過ぎても母乳を飲んでいる子もいます。1歳から1歳6か月ごろになると、エネルギーや栄養素の大部分を母乳またはミルク以外の食べ物からとるようになり、これを「離乳の完了」といいますが、母乳をやめなければいけないという意味ではありません。
　母乳をほしがる間は無理にやめさせる必要はありません。世界保健機関（WHO）では、2歳過ぎまでの母乳育児をすすめています。

**Q** 7か月の子がいます。今はミルクを与えていますが、フォローアップミルクはいつごろから与えればいいのでしょうか。

**A** 　フォローアップミルクは、母乳やミルクの代替品ではありません。離乳食が順調に進まずに鉄が不足するリスクが高いときは利用してもいいのですが、その場合は、かならず9か月以降にしましょう。また、計量スプーンはミルク用のとは異なるので要注意です。
　離乳食が順調に進んでいる場合は、9か月以降でもフォローアップミルクに変える必要はありません。

**Q** うちの子は体重が軽く、体もひとまわり小さいのが悩みです。食事量が少ないのでしょうか。

**A** 赤ちゃんの成長には個人差があるので、「乳幼児身体発育曲線」を活用して、お子さんの成長の様子を見てみましょう。

「乳幼児身体発育曲線」は、母子健康手帳の中にある、記述ができるグラフです。体重と身長のグラフ、頭囲のグラフが男女別に載っています。

お子さんの体重、身長、頭囲を、このグラフに記入してみましょう。グラフの帯の中に入っていれば、食事の量がちょうどよいといえます。

このグラフは、同じ月齢の94％の赤ちゃんが曲線の帯の中に入るようになっています。つまり、6％の赤ちゃんは帯の外になります。帯からはずれていた場合も、極端に離れてはいなくて、曲線と同じようなカーブになっていれば、特に問題はありません。

ただし、曲線の帯から大きくはずれている場合や、体重の増加が見られないときなどは、医師に相談しましょう。

**Q** 離乳食をよく食べますし、ほかの赤ちゃんに比べても太っています。将来、肥満にならないでしょうか。

**A** 栄養バランスがよい離乳食をよく食べていて、ほかの赤ちゃんに比べて少しくらい体重が多いからといって、肥満になりやすいわけではありません。

「うちの子は離乳食を食べすぎではないかと思うくらいよく食べるのですが、量を制限したほうがいいのでしょうか」という相談もよく受けますが、赤ちゃんが「乳幼児身体発育曲線」（前出）から大きく外れることなく、身長も体重も順調に増えているなら安心してください。

もし肥満が心配なら、赤ちゃんが体をよく動かすような遊びができるように、大人もいっしょになって、いっぱい遊んであげましょう。

**Q もうすぐ1歳3か月。どのようなおやつを食べさせたらいいのでしょうか。**

**A** 1歳から1歳6か月ごろでは、一日3回の離乳食に加えて1〜2回の間食（おやつ）を与えることがすすめられています。

間食は、赤ちゃんの場合は食事の一部として、離乳食だけでは補えないエネルギーや栄養を摂取する役割があります。甘いお菓子ではなく、おにぎり、ふかし芋、牛乳・牛乳製品、くだものなどをおすすめします。

また、不規則な時間で間食を与えると本来の離乳食が食べられなくなるので、時間を決めて与えるようにしましょう。

一方、「おやつ」としてイメージされるものに、クッキー、スナック菓子、野菜ジュース、果汁ジュース、ココア、スポーツドリンクなどがあります。これらを与えるのは、離乳を完了してからに。そして、間食としてではなく食生活の楽しみとして、少量を与えるようにしましょう。1歳前後の赤ちゃんを対象にした市販のおやつには、エネルギーが高いものがあるので要注意です。

**Q 大人が飲むカフェオレを、1歳の子もほしがります。少量ならあげてもいい？**

**A** 離乳期の赤ちゃんに、カフェイン入りの飲料（コーヒー、ココア、お茶類など）や食べ物（チョコレートなど）を与えると、興奮する、睡眠不足になる、食欲不振になる、不機嫌になるなどの悪影響があります。赤ちゃんには、カフェインの入ったものは避けましょう。

お茶はカフェインを多く含む飲み物の一つで、種類もさまざまです。よく、「赤ちゃんにはカフェインの多い煎茶や紅茶は与えないけれど、番茶ならいい」と勘違いするケースも見られます。雑誌などにも、「赤ちゃんの虫歯予防のために、授乳後に番茶を飲ませましょう」といった記事が掲載されたこともあります。

番茶にもカフェインは含まれます。ただし、同じ「茶」でも、麦茶にはカフェインが含まれないので安心です。飲み物に含まれるカフェイン量の目安を次に示します。参考にしてください。

・飲み物に含まれるカフェイン量（煎茶を1とした場合）
玉露茶⇒6、ドリップコーヒー⇒3、ココア・インスタントコーヒー⇒2、抹茶・ダイエットコーラ⇒1.5、煎茶・ほうじ茶・ウーロン茶・紅茶・コーラ⇒1、番茶・玄米茶⇒0.5、麦茶⇒0

また授乳中のママも、カフェインを多く含む飲食物は控えましょう。コーヒーならば、一日2〜3杯（カフェインとして一日最大300mgまで）にしましょう。

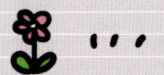

> **Q** 大人の生活に合わせて、夕食が9時過ぎになることも……。買ってきたおかずを与えることも多いです。

**A** 近ごろは、大人も子どもも夜型生活になっているといわれています。あわただしい生活の中ではいたしかたないこともありますが、できれば離乳期の赤ちゃんには、規則正しい食生活を経験させてほしいと思います。

なぜなら、離乳期の食生活の乱れは、成長してからの肥満や生活習慣病と関連してくるからです。夜更かしをしたり、テレビを見ながらだらだらと食べたりすることも、規則正しい食事のリズムを乱して肥満や生活習慣病につながる原因の一つです。

また、離乳期に培われた味覚や好みは一生の食習慣に影響するので、濃い味つけ、脂っこい洋風料理が中心のメニュー、お菓子やジュースなどは避けたいものです。やわらかい口あたりのものばかり食べる、よく噛まないでまるのみするなども肥満の原因になります。

だしをきかせてうす味にする、素材の香味を生かす、和風料理中心のメニューにする、早寝早起きを心がける、体を動かしてよく遊ばせるなど、赤ちゃんの食生活を見直してみましょう。

> **Q** 8か月になっても指しゃぶりをしています。お行儀がよくない気がするので、おしゃぶりにかえたほうがいいのでしょうか。

**A** 指しゃぶりは、1歳ごろまではよく見られますが、1歳を過ぎると減ってきて、退屈なときや眠たいときなどに見られる程度になります。

赤ちゃんの指しゃぶりは正常な発達段階で見られる行動なので、無理にやめさせる必要はありません。3歳ごろまで続いたとしても、歯並びが悪くなることもありません。

これに対して、おしゃぶりはまったく異なります。おしゃぶりの問題点としては、習慣になりやすい、長期間使用すると噛み合わせが悪くなる、赤ちゃんがどうして泣いているのかを考えないで使用する、赤ちゃんをあやすのが減る、赤ちゃんへの言葉がけや触れ合いが減る、赤ちゃんが話す機会が減る、などが指摘されています。

そのため、「小児科と小児歯科の保健検討委員会」は、言葉を発したり覚えたりする時期（1歳過ぎ）になったら、おしゃぶりのフォルダーをはずして常時使用しないようにすることと、遅くとも2歳6か月までに使用を中止することをすすめています。

**Q** テレビやビデオのつけっぱなしはいけないといわれますが、食事中以外でも、やめたほうがいいのでしょうか。

**A** 2歳以下の乳幼児に、テレビやビデオなどを一日4時間以上見せると、言葉の遅れ、表情が乏しい、親と視線を合わせない、運動能力が劣るなどの問題が起こることがあります。また、食事中にテレビをつけると、親子のコミュニケーションが減ったり、だらだらと食べることにつながったりするので、避けたいものです。

小児科の医師の集まりである日本小児科学会では、次のような提言をしています。ぜひ実行しましょう。
①2歳以下の子どもには、テレビやビデオを長時間見せないようにしましょう。
②テレビはつけたままにせず、見たい番組が終わったら消しましょう。
③乳幼児にテレビやビデオを1人で見せないようにしましょう。
④授乳中や食事中はテレビをつけないようにしましょう。

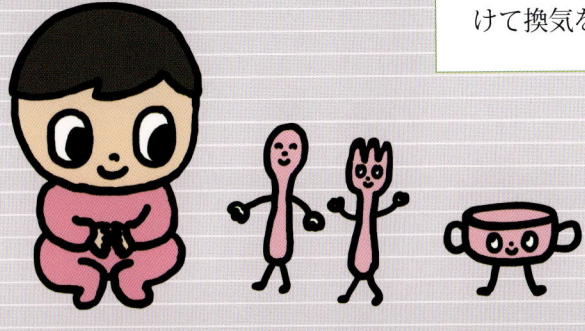

**Q** タバコは、赤ちゃんがいる部屋以外で吸えばだいじょうぶでしょうか。

**A** タバコの煙には、タバコの先端から出る副流煙と、喫煙者が吐き出す煙があります。これらの煙を吸うのが受動喫煙です。

赤ちゃん（子ども）の受動喫煙で、乳幼児突然死症候群（SIDS）、肺炎、ぜんそく、中耳炎、小児がん、低身長などが増えることが報告されています。また、注意欠陥・多動性障害（ADHD）などの原因になるとも指摘されています。

よく、赤ちゃんのまわりでタバコを吸わなければ受動喫煙を減らせると思いがちですが、これは誤解です。しめきった部屋の中では、たとえにおいがしなくても有害物質は長い時間漂っています。また、タバコを1本吸った喫煙者が吐き出す息の中には、約4時間も有害物質が含まれて漂っています。

そのため、大人がベランダや屋外でタバコを吸っても、赤ちゃんは受動喫煙にさらされることになります。

赤ちゃんのいる家庭では禁煙に越したことはありません。しかし、残念ながらそれができない場合は、室内では吸わないのはもちろんのこと、ときどき窓を開けて換気をするようにしましょう。

# 食べるのが好きになる離乳食 栄養成分値一覧

- 『五訂増補日本食品標準成分表』（文部科学省）に基づいて計算しています。
  同書に記載のない食品は、それに近い食品（代用品）の数値で算出しました。
  1人分（1回分）あたりの成分値です。
- 乳児が1歳前までは、母乳やミルクがおもな栄養源のため、離乳食の成分値は算出していません。

| | 料理名 | 掲載ページ | エネルギー(kcal) | たんぱく質(g) | 脂質(g) | 炭水化物(g) | ナトリウム(mg) |
|---|---|---|---|---|---|---|---|
| ■5、6か月ごろ ママごはん | みそ煮込みうどん | 47 | 440 | 22.8 | 11.4 | 62.5 | 1918 |
| | ヨーグルトのピーチのせ | 47 | 92 | 3.8 | 3.0 | 12.1 | 49 |
| | menu 1・合計 | | 532 | 26.6 | 14.4 | 74.6 | 1967 |
| | 彩りあんかけ丼 | 49 | 557 | 20.5 | 13.0 | 86.5 | 1244 |
| | ビーンズサラダ | 48 | 136 | 4.5 | 7.0 | 14.0 | 186 |
| | menu2・合計 | | 693 | 24.9 | 20.0 | 100.4 | 1430 |
| ■7、8か月ごろ ママごはん | サケと野菜のホイル焼き | 74 | 139 | 21.3 | 3.8 | 4.5 | 559 |
| | トマトとバジルのサラダ | 75 | 66 | 0.7 | 5.1 | 4.8 | 120 |
| | モロヘイヤのかきたま汁 | 75 | 41 | 4.4 | 1.7 | 2.9 | 384 |
| | ごはん | 74 | 336 | 5.0 | 0.6 | 74.2 | 2 |
| | menu 1・合計 | | 582 | 31.2 | 11.2 | 86.4 | 1065 |
| | キャベツとアスパラのスープスパゲティ | 76 | 542 | 23.5 | 13.3 | 79.0 | 942 |
| | かぼちゃサラダ | 77 | 143 | 1.9 | 6.0 | 20.9 | 74 |
| | りんごの甘煮 | 77 | 120 | 0.2 | 0.1 | 31.5 | 0 |
| | menu2・合計 | | 805 | 25.6 | 19.4 | 131.4 | 1016 |
| ■9か月から11か月ごろ 大人のごはん | クリームチーズとジャムのベーグルサンド | 82 | 380 | 11.6 | 11.0 | 58.5 | 503 |
| | キャベツのスープ | 82 | 102 | 4.4 | 6.1 | 8.8 | 778 |
| | メロン | 82 | 42 | 1.1 | 0.1 | 10.3 | 7 |
| | menu 1 朝食・合計 | | 524 | 17.1 | 17.2 | 77.6 | 1288 |
| | オムライス | 84 | 577 | 18.2 | 15.9 | 85.2 | 748 |
| | りんごときゅうりのヨーグルトサラダ | 85 | 102 | 4.5 | 3.1 | 15.0 | 171 |
| | menu 1 昼食・合計 | | 679 | 22.7 | 19.0 | 100.2 | 919 |
| | マグロの青じそ包み焼き | 86 | 128 | 24.6 | 1.3 | 3.3 | 452 |
| | 大根と里芋の煮つけ | 87 | 88 | 6.0 | 2.1 | 11.2 | 393 |
| | かぶと切りこんぶの酢の物 | 87 | 28 | 0.8 | 0.1 | 7.4 | 738 |
| | ごはん | 86 | 336 | 5.0 | 0.6 | 74.2 | 2 |
| | menu 1 夕食・合計 | | 580 | 36.4 | 4.1 | 96.1 | 1585 |
| | menu 1　1日合計 | | 1783 | 76.2 | 40.3 | 273.9 | 3792 |
| | アジの干物 | 88 | 143 | 16.4 | 7.1 | 2.1 | 545 |
| | 青梗菜の煮浸し | 88 | 73 | 3.7 | 5.0 | 3.6 | 287 |
| | ごはん | 88 | 336 | 5.0 | 0.6 | 74.2 | 2 |
| | プレーンヨーグルト | 88 | 62 | 3.6 | 3.0 | 4.9 | 48 |
| | menu 2 朝食・合計 | | 614 | 28.7 | 15.7 | 84.8 | 882 |
| | 卵とトマトのトーストサンド | 90 | 418 | 16.1 | 19.5 | 43.4 | 661 |
| | ミネストローネ | 91 | 173 | 12.9 | 7.0 | 15.0 | 907 |
| | menu 2 昼食・合計 | | 591 | 29.0 | 26.5 | 58.4 | 1568 |
| | 牛肉の薬味のせ | 92 | 254 | 18.6 | 17.1 | 4.6 | 637 |
| | ナムル | 93 | 160 | 3.0 | 12.0 | 10.6 | 525 |
| | かぼちゃの含め煮 | 93 | 95 | 1.7 | 0.2 | 22.0 | 115 |
| | ごはん | 92 | 336 | 5.0 | 0.6 | 74.2 | 2 |
| | menu 2 夕食・合計 | | 845 | 28.3 | 29.9 | 111.4 | 1279 |
| | menu 2　1日合計 | | 2050 | 86.0 | 72.1 | 254.6 | 3729 |
| | パンケーキ | 94 | 375 | 8.7 | 10.3 | 59.5 | 111 |
| | ココットエッグ | 95 | 91 | 6.7 | 5.2 | 3.7 | 188 |
| | オレンジ | 94 | 59 | 1.5 | 0.2 | 14.7 | 2 |
| | カフェオレ | 95 | 73 | 3.6 | 3.9 | 5.6 | 43 |
| | menu 3 朝食・合計 | | 598 | 20.5 | 19.6 | 83.5 | 344 |
| | 煮干しの冷汁 | 96 | 120 | 10.9 | 6.0 | 5.8 | 850 |
| | ごはん | 96 | 336 | 5.0 | 0.6 | 74.2 | 2 |
| | さつま芋とりんごの甘煮 | 97 | 170 | 0.8 | 0.2 | 42.6 | 3 |
| | menu 3 昼食・合計 | | 626 | 16.7 | 6.8 | 122.6 | 855 |
| | 豚肉とブロッコリーの中国風いため | 98 | 190 | 14.0 | 10.1 | 12.3 | 1200 |
| | 白菜のわさびマヨネーズあえ | 99 | 62 | 1.6 | 5.4 | 2.2 | 145 |
| | わかめと竹の子のスープ | 99 | 14 | 1.3 | 0.1 | 2.9 | 563 |
| | ごはん | 98 | 336 | 5.0 | 0.6 | 74.2 | 2 |
| | menu 3 夕食・合計 | | 602 | 21.9 | 16.2 | 91.6 | 1910 |
| | menu 3　1日合計 | | 1826 | 59.1 | 42.6 | 297.7 | 3109 |

| カルシウム (mg) | 鉄 (mg) | 亜鉛 (mg) | レチノール当量 (μg) | ビタミンD (μg) | ビタミンB₁ (mg) | ビタミンB₂ (mg) | ビタミンB₁₂ (μg) | ビタミンC (mg) | 食物繊維 (g) | 塩分 (g) |
|---|---|---|---|---|---|---|---|---|---|---|
| 110 | 2.9 | 1.6 | 290 | 1.4 | 0.20 | 0.39 | 1.7 | 13 | 5.5 | 4.9 |
| 121 | 0.1 | 0.5 | 39 | 0 | 0.04 | 0.15 | 0.1 | 2 | 0.5 | 0.1 |
| 231 | 3.0 | 2.1 | 329 | 1.4 | 0.24 | 0.54 | 1.8 | 15 | 6.0 | 5.0 |
| 81 | 2.8 | 3.3 | 196 | 0.6 | 0.48 | 0.34 | 0.2 | 70 | 3.4 | 3.1 |
| 72 | 1.3 | 0.9 | 110 | 0 | 0.12 | 0.09 | 0 | 28 | 5.5 | 0.5 |
| 153 | 4.1 | 4.2 | 306 | 0.6 | 0.60 | 0.43 | 0.2 | 98 | 8.9 | 3.6 |
| 25 | 0.8 | 0.7 | 10 | 28.9 | 0.18 | 0.23 | 5.3 | 6 | 1.2 | 1.4 |
| 12 | 0.2 | 0.1 | 56 | 0 | 0.05 | 0.02 | 0 | 15 | 1.1 | 0.3 |
| 93 | 0.6 | 0.4 | 275 | 0.3 | 0.09 | 0.22 | 0.8 | 20 | 1.8 | 1.0 |
| 6 | 0.2 | 1.2 | 0 | 0 | 0.04 | 0.02 | 0 | 0 | 0.6 | 0 |
| 136 | 1.8 | 2.4 | 341 | 29.2 | 0.36 | 0.49 | 6.1 | 41 | 4.7 | 2.7 |
| 62 | 2.0 | 1.9 | 115 | 1.0 | 0.25 | 0.13 | 0.6 | 36 | 4.8 | 2.4 |
| 19 | 0.6 | 0.3 | 270 | 0.1 | 0.07 | 0.08 | 0 | 35 | 3.1 | 0.2 |
| 3 | 0 | 0 | 2 | 0 | 0.02 | 0.01 | 0 | 3 | 1.2 | 0 |
| 84 | 2.6 | 2.2 | 387 | 1.1 | 0.34 | 0.22 | 0.6 | 74 | 9.1 | 2.6 |
| 23 | 0.1 | 0.2 | 75 | 0.1 | 0.02 | 0.07 | 0 | 1 | 0.9 | 1.3 |
| 50 | 0.5 | 0.5 | 4 | 0.1 | 0.10 | 0.06 | 0.2 | 45 | 2.1 | 2.0 |
| 8 | 0.3 | 0.2 | 3 | 0 | 0.06 | 0.02 | 0 | 18 | 0.5 | 0 |
| 81 | 0.9 | 0.9 | 82 | 0.2 | 0.18 | 0.15 | 0.2 | 64 | 3.5 | 3.3 |
| 53 | 1.7 | 2.2 | 302 | 0.9 | 0.14 | 0.32 | 0.5 | 5 | 2.2 | 1.9 |
| 143 | 0.2 | 0.6 | 51 | 0 | 0.08 | 0.17 | 0.1 | 26 | 1.7 | 0.4 |
| 196 | 1.9 | 2.8 | 353 | 0.9 | 0.22 | 0.49 | 0.6 | 31 | 3.9 | 2.3 |
| 25 | 1.3 | 0.5 | 101 | 4.5 | 0.11 | 0.07 | 1.2 | 8 | 0.9 | 1.1 |
| 24 | 0.6 | 0.6 | 1 | 0 | 0.25 | 0.08 | 0.6 | 9 | 1.8 | 1.0 |
| 67 | 0.6 | 0.1 | 0 | 0 | 0.03 | 0.04 | 0 | 14 | 3.1 | 1.9 |
| 6 | 0.2 | 1.2 | 0 | 0 | 0.04 | 0.02 | 0 | 0 | 0.6 | 0 |
| 122 | 2.7 | 2.4 | 102 | 4.5 | 0.43 | 0.21 | 1.8 | 31 | 6.4 | 4.0 |
| 399 | 5.5 | 6.1 | 537 | 5.6 | 0.83 | 0.85 | 2.6 | 126 | 13.8 | 9.6 |
| 40 | 0.7 | 0.6 | 0 | 2.4 | 0.09 | 0.13 | 5.0 | 6 | 0.7 | 1.4 |
| 118 | 1.5 | 0.6 | 119 | 0 | 0.04 | 0.07 | 0.2 | 17 | 1.0 | 0.7 |
| 6 | 0.2 | 1.2 | 0 | 0 | 0.04 | 0.02 | 0 | 0 | 0.6 | 0 |
| 120 | 0 | 0.4 | 33 | 0 | 0.04 | 0.14 | 0.1 | 1 | 0 | 0.1 |
| 284 | 2.4 | 2.8 | 152 | 2.4 | 0.21 | 0.36 | 5.3 | 24 | 2.3 | 2.2 |
| 57 | 1.6 | 1.6 | 127 | 1.0 | 0.16 | 0.27 | 0.5 | 7 | 2.4 | 1.7 |
| 45 | 1.4 | 0.7 | 225 | 0 | 0.17 | 0.19 | 0.1 | 27 | 3.1 | 2.4 |
| 102 | 3.0 | 2.3 | 352 | 1.0 | 0.33 | 0.46 | 0.6 | 34 | 5.5 | 4.1 |
| 31 | 1.6 | 4.2 | 22 | 0 | 0.10 | 0.21 | 1.1 | 11 | 1.2 | 1.6 |
| 71 | 1.3 | 0.7 | 184 | 0 | 0.08 | 0.11 | 0 | 17 | 3.3 | 1.3 |
| 13 | 0.4 | 0.3 | 264 | 0 | 0.06 | 0.08 | 0 | 34 | 2.8 | 0.3 |
| 6 | 0.2 | 1.2 | 0 | 0 | 0.04 | 0.02 | 0 | 0 | 0.6 | 0 |
| 121 | 3.5 | 6.4 | 470 | 0 | 0.28 | 0.42 | 1.1 | 62 | 7.9 | 3.2 |
| 507 | 8.9 | 11.5 | 974 | 3.4 | 0.82 | 1.24 | 7.0 | 120 | 15.7 | 9.5 |
| 114 | 0.8 | 1.0 | 57 | 0.6 | 0.10 | 0.21 | 0.4 | 1 | 1.3 | 0.3 |
| 39 | 1.0 | 0.8 | 85 | 0.9 | 0.05 | 0.24 | 0.5 | 27 | 0.8 | 0.5 |
| 32 | 0.5 | 0.3 | 15 | 0 | 0.15 | 0.05 | 0 | 60 | 1.2 | 0 |
| 115 | 0 | 0.4 | 39 | 0.3 | 0.04 | 0.16 | 0.3 | 1 | 0 | 0.1 |
| 300 | 2.3 | 2.5 | 196 | 1.8 | 0.34 | 0.66 | 1.2 | 88 | 3.3 | 0.9 |
| 255 | 2.4 | 1.2 | 9 | 0.8 | 0.10 | 0.07 | 2.2 | 4 | 1.7 | 2.1 |
| 6 | 0.2 | 1.2 | 0 | 0 | 0.04 | 0.02 | 0 | 0 | 0.6 | 0 |
| 25 | 0.4 | 0.1 | 2 | 0 | 0.07 | 0.02 | 0 | 19 | 2.0 | 0 |
| 286 | 3.0 | 2.5 | 11 | 0.8 | 0.21 | 0.11 | 2.2 | 23 | 4.3 | 2.1 |
| 50 | 1.2 | 1.7 | 349 | 0.5 | 0.59 | 0.28 | 0.2 | 78 | 5.0 | 3.1 |
| 24 | 0.3 | 0.2 | 8 | 0.1 | 0.06 | 0.04 | 0.1 | 12 | 0.7 | 0.4 |
| 20 | 0.2 | 0.3 | 13 | 0 | 0.02 | 0.04 | 0 | 2 | 1.3 | 1.4 |
| 6 | 0.2 | 1.2 | 0 | 0 | 0.04 | 0.02 | 0 | 0 | 0.6 | 0 |
| 100 | 1.9 | 3.4 | 370 | 0.6 | 0.71 | 0.38 | 0.3 | 92 | 7.6 | 4.9 |
| 686 | 7.2 | 8.4 | 577 | 3.2 | 1.26 | 1.15 | 3.7 | 203 | 15.2 | 7.9 |

| 料理名 | | 掲載ページ | エネルギー(kcal) | たんぱく質(g) | 脂質(g) | 炭水化物(g) | ナトリウム(mg) |
|---|---|---|---|---|---|---|---|
| ■9か月から11か月ごろ 大人のごはん | じゃこ納豆 | 100 | 103 | 10.9 | 4.4 | 5.2 | 432 |
| | にんじんとさやいんげんのきんぴら | 100 | 74 | 2.0 | 3.1 | 10.6 | 705 |
| | ごはん | 100 | 336 | 5.0 | 0.6 | 74.2 | 2 |
| | キウイフルーツ | 100 | 53 | 1.0 | 0.1 | 13.5 | 2 |
| | menu 4 朝食・合計 | | 566 | 18.9 | 8.2 | 103.5 | 1141 |
| | 鶏レバーのトマト煮 | 102 | 106 | 10.2 | 3.6 | 8.7 | 786 |
| | ロールパン | 102 | 284 | 9.1 | 8.1 | 43.7 | 441 |
| | menu 4 昼食・合計 | | 390 | 19.3 | 11.7 | 52.4 | 1227 |
| | サケのクリームシチュー | 104 | 297 | 14.3 | 14.9 | 26.4 | 934 |
| | ひじきとトマトのサラダ | 105 | 24 | 1.4 | 0.1 | 6.1 | 273 |
| | ごはん | 104 | 336 | 5.0 | 0.6 | 74.2 | 2 |
| | グレープフルーツのシロップ漬け | 105 | 65 | 0.6 | 0.1 | 16.6 | 1 |
| | menu 4 夕食・合計 | | 722 | 21.3 | 15.7 | 123.3 | 1210 |
| | menu 4　1日合計 | | 1678 | 59.5 | 35.6 | 279.2 | 3578 |
| ■1歳から1歳6か月ごろ 離乳食 | チーズトースト | 112 | 121 | 5.9 | 4.1 | 15.4 | 257 |
| | かぶとベーコンのスープ | 112 | 34 | 1.2 | 2.1 | 3.0 | 299 |
| | menu 1 朝食・合計 | | 155 | 7.1 | 6.2 | 18.4 | 556 |
| | バナナ | 112 | 43 | 0.6 | 0.1 | 11.3 | 0 |
| | 牛乳 | 112 | 69 | 3.4 | 3.9 | 4.9 | 42 |
| | menu 1 おやつ(10時)・合計 | | 112 | 4.0 | 4.0 | 16.2 | 42 |
| | カニあんかけチャーハン | 113 | 184 | 4.7 | 3.3 | 32.0 | 176 |
| | ワンタンスープ | 113 | 47 | 2.0 | 0.9 | 7.4 | 134 |
| | menu 1 昼食・合計 | | 231 | 6.7 | 4.2 | 39.4 | 310 |
| | バナナとレーズンの蒸しパン | 112 | 116 | 3.6 | 2.9 | 19.2 | 91 |
| | 牛乳 | 112 | 69 | 3.4 | 3.9 | 4.9 | 42 |
| | menu 1 おやつ(15時)・合計 | | 185 | 7.0 | 6.8 | 24.1 | 133 |
| | タラのフィンガーフライ | 113 | 71 | 3.1 | 3.1 | 7.3 | 23 |
| | 大根とにんじんのきんぴら風 | 113 | 17 | 0.4 | 0 | 3.9 | 133 |
| | わかめごはん | 113 | 136 | 2.2 | 0.3 | 30.3 | 30 |
| | menu 1 夕食・合計 | | 224 | 5.7 | 3.4 | 41.5 | 186 |
| | menu 1　1日合計 | | 907 | 30.5 | 24.6 | 139.6 | 1227 |
| | ひじき入りの卵焼き | 116 | 69 | 3.6 | 4.6 | 3.1 | 148 |
| | ほうれん草と豆腐のみそ汁 | 116 | 13 | 1.2 | 0.4 | 1.5 | 136 |
| | ごはん | 116 | 134 | 2.0 | 0.2 | 29.7 | 1 |
| | menu 2 朝食・合計 | | 216 | 6.8 | 5.2 | 34.3 | 285 |
| | くだもののヨーグルトあえ | 116 | 58 | 2.1 | 1.6 | 9.4 | 24 |
| | menu 2 おやつ(10時)・合計 | | 58 | 2.1 | 1.6 | 9.4 | 24 |
| | ポテトグラタン | 117 | 136 | 5.0 | 6.5 | 15.0 | 268 |
| | キャベツのコールスロー | 117 | 46 | 0.5 | 2.9 | 5.1 | 38 |
| | menu 2 昼食・合計 | | 182 | 5.5 | 9.4 | 20.1 | 306 |
| | ジャムサンド | 116 | 99 | 2.8 | 1.3 | 18.9 | 151 |
| | 牛乳 | 116 | 69 | 3.4 | 3.9 | 4.9 | 42 |
| | menu 2 おやつ(15時)・合計 | | 168 | 6.2 | 5.2 | 23.8 | 193 |
| | ハンバーグ | 117 | 89 | 4.9 | 5.5 | 4.5 | 126 |
| | ほうれん草とじゃこの煮浸し | 117 | 18 | 2.1 | 0.2 | 2.2 | 185 |
| | ごはん | 117 | 134 | 2.0 | 0.2 | 29.7 | 1 |
| | menu 2 夕食・合計 | | 241 | 9.0 | 5.9 | 36.4 | 312 |
| | menu 2　1日合計 | | 865 | 29.6 | 27.3 | 124.0 | 1120 |
| ■1歳から1歳6か月ごろ 離乳食　主食 | じゃこと小松菜のおにぎり | 118 | 152 | 4.4 | 1.0 | 30.1 | 132 |
| | サケのちらしずし風 | 118 | 172 | 5.4 | 2.3 | 30.9 | 176 |
| | スパゲティナポリタン | 119 | 127 | 3.7 | 4.2 | 17.9 | 196 |
| | にゅうめん | 119 | 71 | 2.7 | 0.3 | 14.2 | 270 |
| ■1歳から1歳6か月ごろ 離乳食　主菜 | すき焼き | 120 | 61 | 3.0 | 4.0 | 3.3 | 131 |
| | 蒸し魚の野菜あんかけ | 120 | 48 | 4.0 | 1.8 | 3.8 | 305 |
| | ほうれん草の卵とじ | 121 | 42 | 3.2 | 2.2 | 2.3 | 134 |
| | 豆腐のハンバーグ | 121 | 83 | 4.4 | 4.6 | 6.0 | 124 |
| ■1歳から1歳6か月ごろ 離乳食　副菜 | いりどり | 122 | 52 | 3.9 | 2.3 | 3.9 | 160 |
| | ひじきと凍り豆腐の煮物 | 122 | 44 | 2.4 | 2.1 | 5.2 | 184 |
| | 青菜とサクラエビの煮浸し | 123 | 13 | 2.0 | 0.1 | 1.0 | 131 |
| | レタスと豚ひき肉のいため物 | 123 | 52 | 2.5 | 3.6 | 2.8 | 121 |
| | さつま汁 | 124 | 48 | 1.6 | 0.4 | 10.1 | 278 |
| | カリフラワーのミルクスープ | 124 | 59 | 3.4 | 2.3 | 6.9 | 874 |
| ■1歳から1歳6か月ごろ 離乳食　間食 | フレンチトースト | 125 | 148 | 5.0 | 6.7 | 16.5 | 206 |
| | お好み焼き | 125 | 130 | 3.7 | 6.4 | 13.7 | 82 |
| | さつま芋の蒸しパン | 126 | 103 | 3.5 | 2.9 | 15.6 | 91 |
| | 白玉団子入りフルーツポンチ | 126 | 96 | 1.2 | 0.2 | 22.5 | 1 |

| カルシウム (mg) | 鉄 (mg) | 亜鉛 (mg) | レチノール当量 (μg) | ビタミンD (μg) | ビタミンB₁ (mg) | ビタミンB₂ (mg) | ビタミンB₁₂ (μg) | ビタミンC (mg) | 食物繊維 (g) | 塩分 (g) |
|---|---|---|---|---|---|---|---|---|---|---|
| 89 | 1.5 | 1.1 | 24 | 6.1 | 0.05 | 0.24 | 0.6 | 0 | 2.7 | 1.1 |
| 41 | 0.7 | 0.3 | 236 | 0 | 0.05 | 0.10 | 0.1 | 38 | 2.5 | 1.8 |
| 6 | 0.2 | 1.2 | 0 | 0 | 0.04 | 0.02 | 0 | 0 | 0.6 | 0 |
| 33 | 0.3 | 0.1 | 6 | 0 | 0.01 | 0.02 | 0 | 69 | 2.5 | 0 |
| 169 | 2.7 | 2.7 | 266 | 6.1 | 0.15 | 0.38 | 0.7 | 107 | 8.3 | 2.9 |
| 30 | 4.6 | 1.8 | 6340 | 0.1 | 0.25 | 0.87 | 20.0 | 25 | 2.6 | 2.0 |
| 40 | 0.6 | 0.7 | 1 | 0.1 | 0.09 | 0.05 | 0 | 0 | 1.8 | 1.1 |
| 70 | 5.3 | 2.5 | 6341 | 0.2 | 0.34 | 0.92 | 20.0 | 25 | 4.4 | 3.1 |
| 80 | 0.8 | 0.8 | 366 | 14.5 | 0.19 | 0.22 | 2.8 | 27 | 3.1 | 2.4 |
| 65 | 1.9 | 0.3 | 42 | 0 | 0.06 | 0.07 | 0 | 10 | 2.8 | 0.7 |
| 6 | 0.2 | 1.2 | 0 | 0 | 0.04 | 0.02 | 0 | 0 | 0.6 | 0 |
| 11 | 0 | 0.1 | 0 | 0 | 0.05 | 0.02 | 0 | 25 | 0.4 | 0 |
| 162 | 2.9 | 2.4 | 408 | 14.5 | 0.34 | 0.33 | 2.8 | 62 | 6.9 | 3.1 |
| 401 | 10.9 | 7.6 | 7015 | 20.8 | 0.83 | 1.63 | 23.5 | 194 | 19.6 | 9.1 |
| 74 | 0.3 | 0.3 | 42 | 0 | 0.04 | 0.07 | 0 | 12 | 1.2 | 0.7 |
| 35 | 0.3 | 0.2 | 23 | 0 | 0.04 | 0.04 | 0 | 17 | 0.9 | 0.7 |
| 109 | 0.6 | 0.5 | 65 | 0 | 0.08 | 0.11 | 0 | 29 | 2.1 | 1.4 |
| 3 | 0.2 | 0.1 | 3 | 0 | 0.03 | 0.02 | 0 | 8 | 0.6 | 0 |
| 113 | 0 | 0.4 | 39 | 0.3 | 0.04 | 0.15 | 0.3 | 1 | 0 | 0.1 |
| 116 | 0.2 | 0.5 | 42 | 0.3 | 0.07 | 0.17 | 0.3 | 9 | 0.6 | 0.1 |
| 20 | 0.3 | 0.9 | 15 | 0.2 | 0.05 | 0.12 | 0.5 | 1 | 0.5 | 0.5 |
| 6 | 0.2 | 0.2 | 1 | 0 | 0.04 | 0.02 | 0 | 4 | 0.4 | 0.3 |
| 26 | 0.5 | 1.1 | 16 | 0.2 | 0.09 | 0.14 | 0.5 | 5 | 0.9 | 0.8 |
| 62 | 0.4 | 0.3 | 28 | 0.3 | 0.05 | 0.11 | 0.2 | 2 | 0.6 | 0.2 |
| 113 | 0 | 0.4 | 39 | 0.3 | 0.04 | 0.15 | 0.3 | 1 | 0.0 | 0.1 |
| 175 | 0.4 | 0.7 | 67 | 0.6 | 0.09 | 0.26 | 0.5 | 3 | 0.6 | 0.3 |
| 14 | 0.2 | 0.1 | 3 | 0.2 | 0.04 | 0.02 | 0.2 | 6 | 0.5 | 0.1 |
| 11 | 0.1 | 0.1 | 136 | 0 | 0.02 | 0.02 | 0.1 | 3 | 0.8 | 0.3 |
| 15 | 0.1 | 0.5 | 10 | 0 | 0.02 | 0.02 | 0 | 0 | 0.8 | 0.1 |
| 40 | 0.4 | 0.7 | 149 | 0.2 | 0.08 | 0.06 | 0.3 | 9 | 2.1 | 0.5 |
| 466 | 2.1 | 3.5 | 339 | 1.3 | 0.41 | 0.74 | 1.6 | 55 | 6.3 | 3.1 |
| 33 | 1.1 | 0.4 | 110 | 0.5 | 0.03 | 0.13 | 0.4 | 3 | 0.8 | 0.4 |
| 17 | 0.5 | 0.2 | 70 | 0 | 0.04 | 0.05 | 0.3 | 7 | 0.7 | 0.3 |
| 2 | 0.1 | 0.5 | 0 | 0 | 0.02 | 0.01 | 0 | 0 | 0.2 | 0 |
| 52 | 1.7 | 1.1 | 180 | 0.5 | 0.09 | 0.19 | 0.7 | 10 | 1.7 | 0.7 |
| 64 | 0.1 | 0.3 | 19 | 0 | 0.04 | 0.08 | 0.1 | 8 | 0.5 | 0.1 |
| 64 | 0.1 | 0.3 | 19 | 0 | 0.04 | 0.08 | 0.1 | 8 | 0.5 | 0.1 |
| 70 | 0.4 | 0.2 | 47 | 0 | 0.08 | 0.10 | 0 | 42 | 1.6 | 0.7 |
| 13 | 0.2 | 0.1 | 3 | 0 | 0.02 | 0.01 | 0 | 8 | 0.6 | 0.1 |
| 83 | 0.6 | 0.3 | 50 | 0 | 0.10 | 0.11 | 0 | 50 | 2.2 | 0.8 |
| 10 | 0.2 | 0.3 | 0 | 0 | 0.02 | 0.01 | 0 | 1 | 0.8 | 0.4 |
| 113 | 0 | 0.4 | 39 | 0.3 | 0.04 | 0.15 | 0.3 | 1 | 0 | 0.1 |
| 123 | 0.2 | 0.7 | 39 | 0.3 | 0.06 | 0.16 | 0.3 | 2 | 0.8 | 0.5 |
| 9 | 0.5 | 0.8 | 48 | 0.1 | 0.13 | 0.07 | 0.2 | 7 | 0.9 | 0.3 |
| 32 | 0.6 | 0.3 | 112 | 1.8 | 0.05 | 0.07 | 0.3 | 11 | 1.7 | 0.5 |
| 2 | 0.1 | 0.5 | 0 | 0 | 0.02 | 0.01 | 0 | 0 | 0.2 | 0 |
| 43 | 1.2 | 1.6 | 160 | 1.9 | 0.20 | 0.15 | 0.5 | 18 | 1.9 | 0.8 |
| 365 | 3.8 | 4.0 | 448 | 2.7 | 0.49 | 0.69 | 1.6 | 88 | 7.1 | 2.9 |
| 57 | 0.5 | 0.7 | 38 | 3.1 | 0.04 | 0.03 | 0.3 | 4 | 0.6 | 0.3 |
| 8 | 0.3 | 0.6 | 20 | 0.2 | 0.02 | 0.06 | 0.2 | 1 | 0.3 | 0.5 |
| 10 | 0.4 | 0.4 | 73 | 0 | 0.08 | 0.03 | 0 | 8 | 1.2 | 0.5 |
| 27 | 0.8 | 0.3 | 241 | 0 | 0.06 | 0.09 | 0.3 | 11 | 1.7 | 0.7 |
| 17 | 0.4 | 0.8 | 107 | 0.1 | 0.04 | 0.06 | 0.3 | 3 | 0.9 | 0.3 |
| 12 | 0.2 | 0.1 | 82 | 0.4 | 0.02 | 0.02 | 0.2 | 5 | 0.5 | 0.8 |
| 22 | 0.8 | 0.4 | 104 | 0.4 | 0.04 | 0.14 | 0.3 | 16 | 0.6 | 0.3 |
| 81 | 1.2 | 0.4 | 10 | 0.1 | 0.05 | 0.05 | 0.1 | 1 | 0.9 | 0.3 |
| 9 | 0.3 | 0.2 | 74 | 0.1 | 0.04 | 0.06 | 0.3 | 2 | 0.7 | 0.4 |
| 71 | 1.9 | 0.3 | 144 | 0 | 0.03 | 0.05 | 0.3 | 1 | 1.9 | 0.5 |
| 93 | 0.9 | 0.2 | 78 | 0 | 0.04 | 0.05 | 0.4 | 12 | 0.6 | 0.3 |
| 7 | 0.3 | 0.4 | 7 | 0.3 | 0.09 | 0.05 | 0 | 3 | 0.7 | 0.3 |
| 24 | 0.4 | 0.2 | 68 | 0.1 | 0.05 | 0.04 | 0.5 | 8 | 1.5 | 0.7 |
| 61 | 0.3 | 0.5 | 154 | 0.2 | 0.08 | 0.11 | 0.1 | 29 | 1.6 | 1.0 |
| 47 | 0.4 | 0.5 | 47 | 0.3 | 0.04 | 0.10 | 0.2 | 0 | 0.7 | 0.5 |
| 44 | 0.6 | 0.3 | 19 | 0.2 | 0.04 | 0.06 | 0.3 | 12 | 1.0 | 0.2 |
| 61 | 0.3 | 0.3 | 27 | 0.3 | 0.04 | 0.10 | 0.2 | 2 | 0.4 | 0.2 |
| 6 | 0.2 | 0.2 | 1 | 0 | 0.02 | 0.01 | 0 | 12 | 0.5 | 0 |

◎体と心の成長と食生活の解説
**猪野雅孝**（いのまさたか）
社会福祉法人聖母会聖母病院小児科医長、小児科専門医。
1987年東京医科歯科大学卒業後、東京女子医科大学小児科、東京女子医科大学母子総合医療センター（新生児科）などを経て、1996年から現職。聖母大学非常勤講師、東京女子医科大学非常勤講師を兼務。おもに新生児医療や母乳育児支援、子育て支援、子どもの発達支援を行なう。子どもとその家族に寄り添う医療を心がけている。
●メッセージ● 生まれてから2歳ころまでに、子どもはどんどん新しいことを吸収し、めまぐるしく変わっていきます。子どもとのコミュニケーションを通じて、日々、新しい発見をすることでしょう。
貴重な「いま、このとき」をたいせつにし、子どもといっしょに楽しく過ごしていただきたいと思います。

◎食べる機能と食事の解説・レシピ作成
**朝倉比都美**（あさくらひとみ）
帝京大学医学部附属病院栄養部、管理栄養士。
1979年女子栄養大学卒業後、社会福祉法人聖母会聖母病院栄養室入職。同栄養室室長を経て、2010年7月から現職。上智大学保健センター非常勤栄養士兼務。病院栄養士として、長年、傷病者や出産前後の女性、乳幼児の栄養管理に従事。多様化の時代の妊婦の食生活と栄養状態の把握をライフワークとする。
●メッセージ● 大人も赤ちゃんも、最高のごちそうは食事の雰囲気だと思います。楽しく食べることから、食べ方、食習慣、栄養の知識を少しずつ子どもへ伝えていきます。
離乳食作りが負担にならないよう、シンプルな料理をそろえました。子育てを充分に楽しんでください。

◎料理作成
**村田のぞみ**（むらたのぞみ）
家庭料理研究家。女子栄養短期大学卒業後、女子栄養大学の母体である香川栄養学園が主催する料理教室にて女子栄養大学名誉教授の滝口操氏（故人）の助手を長年務めたのち、食品会社の研究所に勤務。退職後、子育てのかたわら料理教室を主宰するなど、活躍の場を広げつつある。文部科学省後援家庭料理技能検定1級を持つ。

---

## ママのごはんっておいしいね！
# 食べるのが好きになる離乳食

著者　猪野雅孝
　　　朝倉比都美

レシピ協力　二階堂真理子（聖母病院 管理栄養士）
料理作成　村田のぞみ
撮影　国井美奈子
イラスト　天明幸子
デザイン　二井美好（二井デザイン室）
栄養価計算　スタジオ食
校閲　佐藤美津子

2010年11月20日　初版第1刷発行

発行者　香川達雄
発行所　女子栄養大学出版部
　　　　〒170-8481　東京都豊島区駒込3-24-3
電話　03-3918-5411（販売）
　　　03-3918-5301（編集）
ホームページ　http://www.eiyo21.com
振替　00160-3-84647
印刷・製本所　大日本印刷株式会社

乱丁本、落丁本はお取り替えいたします。
本書の内容の無断転載・複写を禁じます。
ISBN978-4-7895-1721-8
Ⓒ Ino Masataka, Asakura Hitomi 2010, Printed in Japan